Andrea Kovács

Hungarian for Beginners

A Short Course in Hungarian Language

OPPIAN

Published by Oppian Press
Helsinki, 2020

ISBN 978-951-877-170-1

Hungarian is the official language of the Republic of Hungary and many communities of Hungarians speak it in Slovakia, Western Ukraine, Central and Western Romania, Northern Serbia, Northern Croatia and Northern Slovenia, so it's spoken by 13 million people.

Hungarian came from the Uralic region of Asia and belongs to the Finno-Ugric language family. Its closest relatives are Finnish and Estonian. Hungarians did absorb some Turkish influences during several centuries of cohabitation. After the reign of the first King Stephen I, Latin text appeared since he converted the Hungarian people to Christianity. By the 17th century the language already closely resembled its present day form. In the 18th century the language was revitalized thanks to a few famous Hungarian writers. Some words were shortened, others were reintroduced.

There are some dialects related to the geographical parts of the country but these dialects are not so different from each other. The Hungarian Csángó dialect has to be mentioned because it's spoken only in Bacan County in Eastern Romania by a small group of Hungarians.

Many times we hear that Hungarian language seems to be very difficult to speak. From one hand it may be true because it can't be compared to any other language in the world but the Hungarian uses the Latin alphabet so writing it first could be an easier way to learn it well. It is a beautiful and colorful language because you can express yourself and your feelings in many different ways since it contains many words, idioms and phrases.

Hungary is a wonderful country with its culture, folklore, cuisine and attractions. It is famous for its amazing capital city of Budapest, the Lake Balaton and the last but not least Goulash Soup. If you speak the Hungarian, you will be able to participate in kind conversations with native speakers and you will get incredible experience that you will never forget. Take a chance and study! You won't regret it.

Letters of the Hungarian alphabet: listen.

A a	Á á	B b	C c	Cs cs	D d	Dz dz	Dzs dzs
/ɒ/	/aː/	/b/	/ts/	/tʃ/	/d/	/dz/	/dʒ/
E e	É é	F f	G g	Gy gy	H h	I i	Í í
/ɛ/	/eː/	/f/	/g/	/ɟ/	/h/	/i/	/iː/
J j	K k	L l	Ly ly	M m	N n	Ny ny	O o
/j/	/k/	/l/	/j/	/m/	/n/	/ɲ/	/o/
Ó ó	Ö ö	Ő ő	P p	Q q	R r	S s	Sz sz
/oː/	/ø/	/øː/	/p/		/r/	/ʃ/	/s/
T t	Ty ty	U u	Ú ú	Ü ü	Ű ű	V v	W w
/t/	/c/	/u/	/uː/	/y/	/yː/	/v/	/v/
X x	Y y	Z z	Zs zs				
	/i/	/z/	/ʒ/				

1. Let's see some examples with letters.

A – Alma (apple)

Á – Állat (animal)

B – Bajnok (champion)

C – Cica (cat)

Cs – Csónak (boat)

D – Darab (piece)

Dz – Dz

Dzs – Dzseki (jacket)

E – Elnök (president)

É – Ének (song)

F – Főnök (boss)

G – Galamb (pigeon)

Gy – Gyár (factory)

H – Homok (sand)

I – Ital (drink)

Í – Íj (bow)

J – Játék (toy)

K – Kabát (coat)

L – Labda (ball)

Ly – Lyuk (hole)

M – Madár (bird)

N – Nadrág (trousers)

Ny – Nyak (neck)

O – Oldal (page)

Ó – Óra (clock)

Ö – Öt (five)

Ő – Őröl (mill)

P – Paradicsom (tomato)

Q – with Q no word exists

R – Rágógumi (chewing gum)

S – Sátor (tent)

Sz – Szótár (dictionary)

T – Tó (lake)

Ty – Tyúk (hen)

U – Uborka (cucumber)

Ú – Út (road)

Ü – Üveg (bottle)

Ű – Űr (space)

V – Város (city)

W – for only foreign words

X – Xilofon (xylophone)

Y – for only foreign words

Z – Zebra (zebra)

Zs – Zsák (bag)

2. Write the correct letters to the certain pronunciation!

/ø/	
/ʃ/	
/ʒ/	
/aː/	
/tʃ/	

3. Connect capital with the correct small letters!

H	cs
Ly	ú
Ty	h
Cs	ty
Ú	ly

4. How would you pronounce the following words in Hungarian? Scan the QR code with your phone & listen.

álom

patak

ebéd

dívány

asztal

zsebkendő

5. Fill in the blanks!

A __ B C __ D DZ __ E É F G __ H I Í J __ L LY __ N __ O Ó Ö __ P Q R
S __ T __ U Ú Ü __ V W X Y Z __

– Jó napot! Ádám vagyok. Hogy hívják?

– Szia Ádám, engem Tamásnak hívnak.

– Örülök, hogy találkoztunk!

– Én is! Hogy van?

– Jól vagyok, köszönöm, hogy kérdezte!

Greetings

Key words:

Szia! – Hello!

Jó reggelt! – Good morning!

Jó napot! – Good afternoon!

Jó estét! – Good evening!

Jó éjszakát! – Good night!

Viszontlátásra! – Goodbye!

Introductions

Try speaking!

Engem hívnak… - My name is…

Én vagyok… - I am…

Hogy hívják? – What is your name?

Örülök, hogy találkoztunk! – Pleased to meet you!

Én is! – Me too!

…-való vagyok… - I am from…

Hova valósi? – Where are you from?

Hogy van? – How are you?

Jól vagyok. – I am fine.

Köszönöm, hogy kérdezte! –Thank you for asking!

És ön? – And you?

Én is, köszönöm. – Me too, thank you.

Örülök. – I'm happy.

1.   Choose the correct greeting.

Reggel: b) Jó estét!   c) Jó reggelt!
a) Jó napot!

Este: b) Jó reggelt!   c) Jó napot!
a) Jó estét!

Elköszönni: b) Viszontlátásra!   c) Jó reggelt!
a) Jó éjszakát!

Délután: b) Szia!   c) Jó napot!
a) Jó éjszakát!

2.   Match the correct greeings.

Jó estét!   Good afternoon!
Szia!   Good evening!
Viszontlátásra!   Hello!
Jó napot!   Goodbye!

3.   Translate to Hungarian.

Good evening! -   ______________________________________

My name is… -   ______________________________________

Nice to meet you! -   ______________________________________

Goodbye! -   ______________________________________

How are you? -   ______________________________________

Thank you for asking! - ______________________________________

4.   Fill in the blanks!

Ilona: Szia Éva! ____________ van?

Éva: Szia Ilona! Jól ____________. És ön?

Ilona: ____________! Köszönöm, hogy ____________.

5.   Translate to English.

Viszontlátásra! ________________________________

Örülök. ________________________________

Jó reggelt! ________________________________

Hogy hívják? ________________________________

És ön? ________________________________

Hova valósi? ________________________________

6.   Read the dialogue and answer the questions.

– Engem Annának hívnak. Hogy hívják?

– Engem Rolandnak hívnak.

– Hova valósi?

– Budapestről való vagyok. És ön?

– Londonból való vagyok.

What is the girl's name? ________________________________

What is the boy's name? ________________________________

Where is the boy from? ________________________________

Where is the girl from? ________________________________

GLOSSARY

Szia! – Hello!

Jó reggelt! – Good morning!

Jó napot! – Good afternoon!

Jó estét! – Good evening!

Jó éjszakát! – Good night!

Viszontlátásra! - Goodbye!

Engem hívnak… - My name is… Én vagyok… - I am…

Hogy hívják? – What is your name?

Örülök, hogy találkoztunk! – Pleased to meet you!

Én is! – Me too!

…valósi vagyok… - I am from…

Én jöttem… - I am coming from…

Hova valósi? – Where are you from?

Hogy van? – How are you?

Jól vagyok. – I am fine.

Köszönöm, hogy kérdezte! – Thank you for asking.

És ön? – And you?

Én is, köszönöm. – Me too, thank you.

Örülök. – I'm happy.

– Hozhatok valamit inni?

– Igen, egy pohár vizet. Köszönöm.

– Sikerült választania?

– Kérek még néhány percet.

– Rendben.

Ordering food

What waiter might say:

Szeretne egy asztalt? – Would you like a table?

Hozhatok valamit inni? – Can I bring something to drink?

Szeretne rendelni? – Would you like to order?

Szeretné megnézni az étlapot? – Would you like to see the menu?

Hozhatod még valamit? – Can I bring something else?

Bankkártyával vagy készpénzel szeretne fizetni? – Would you like to pay by card or in cash?

Fizethet bankkártyával/készpénzzel. – You can pay by card/in cash.

Bankkártyát elfogadunk. – We accept cards.

What guest might say:

Asztalt kérek kettő főre. – Table for two, please.

Kaphatok egy étlapot? – Can I get a menu?

Megnézhetem az étlapot? – Can I see a menu?

Még szükségem van néhány percre. – I need a few more minutes.

Rendelni szeretnék. – I would like to order.

Egy pohár vizet kérek. – A glass of water, please.

Bankkártyával szeretnék fizetni. – I would like to pay by card.

Készpénzzel szeretnék fizetni. – I would like to pay in cash.

Fizethetek bankkártyával? – Can I pay by card?

Elfogadnak bankkártyát? – Do you accept cards?

Igen, kérem. – Yes, please.

Nem, köszönöm. – No, thank you.

Drinks:

ital - drink

víz - water

szóda – soda

jeges tea – iced tea kávé – coffee

tea - tea

narancslé – orange juice sör – beer

bor – wine

fehér bor – white wine

vörös bor – red wine

kóla - coke

Food:

étel - food

hal – fish

csirke – chicken

sertés – pork

marha – beef

saláta – salad

desszert – dessert

torta – cake

fagylalt – ice cream

Allergies and special dietary needs

Key phrases:

Allergiás vagyok a… - I am allergic to…

Allergiás vagyok a mogyoróra. - I am allergic to the peanut.

Allergiás vagyok a kagylóra. – I am allergic to the shellfish.

tej – milk

tojás – eggs

mogyoró – peanut

dió – walnut

eper – strawberry

glutén – gluten

kagyló – shellfish

Vegetáriánus vagyok. – I am vegetarian.

Vegán vagyok. – I am vegan.

Cukorbeteg vagyok. – I am diabetic.

Laktózérzékeny vagyok. – I am lactose intolerant.

Ez gluténmentes? – Is this gluten free?

In Hungary it's not obligatory to leave a tip, but of course if you can, the waiter will be very grateful.

There are some restaurants and bars where the service fee is already included in the prices.

1.   Fill in the dialogue.

– Hozhatok valamit _________?

– _________ kérem!

– Szeretnék egy _________ teát.

– Bankkártyával vagy _________ szeretne fizetni?

– Bankkártyával _________ fizetni!

igen	készpénzzel	inni	szeretnék	jeges

2.   Match question or a statement with the correct answer!

Hozhatok még valamit?   Készpénzzel szeretnék fizetni.

Szeretne egy asztalt?   Egy pohár vizet kérek, köszönöm.

Hozhatok valamit inni?   Még szükségem van néhány percre.

Bankkártyával vagy készpénzzel   Asztalt kérek 2 főre.
szeretne fizetni?

3.   Write a number to the questions and statements in the order you are likely to hear them.

Fizethetek bankkártyával?   _________

Hozhatok még valamit?   _________

Egy pohár vizet kérek.   _________

Hozhatok valamit inni?   _________

Bankkártyával szeretnék fizetni.   _________

Nem, köszönöm.   _________

4.   Write the word in Hungarian below the photo.

5.   Translate to Hungarian or to English.

Elfogadnak bankkártyát? _______________________________

_______________________   _______________________

_______________________   _______________________

____

Szeretne rendelni? _______________________________

Yes, please. _______________________________

I need a few more minutes. _______________________________

Megnézhetem az étlapot? _______________________________

Can I bring something to drink? _______________________________

Asztalt kérek két főre. _______________________________

I would like to order. _______________________________

Laktózérzékeny vagyok. _______________________________

Cukorbeteg vagyok. _______________________________

6. Circle the correct translation.

Can I bring something to drink?

a, Hozhatok valamit inni?   b, Láthatom az étlapot?   c, Asztalt kérek két főre.

Can I pay by card?

a, Szeretné látni az   b, Igen, kérem.   c, Szeretne egy asztalt?
étlapot?

Can I bring something else?

a, Asztalt kérek két főre.   b, Bankkártyával   c, Nem, köszönöm.
                             szeretnék fizetni.

7. Fill in the blanks!

Vegetáriánus ______________.

______________ gluténmentes?

Kaphatok ______________ étlapot?

Bankkártyát ______________.

Szükségem van még ______________ percre.

Szeretne bankkártyával vagy ______________ fizetni?

Allergiás ______________ a mogyoróra.

8. Write the words in the correct group.

kávé	hal	fagylalt
saláta	narancslé	torta

Étel	Ital	Desszert

GLOSSARY

Szeretne egy asztalt? – Do you want a table?

Hozhatok valamit inni? – Can I bring something to drink?

Szeretne rendelni? – Do you want to order?

Szeretné látni az étlapot? – Do you want to see the menu?

Szeretne bankkártyával vagy készpénzzel fizetni? – Do you want to pay by card or in cash?

Fizethet bankkártyával vagy készpénzzel – You can pay by card/in cash.

Bankkártyát elfogadunk. – We accept cards.

Asztalt kérek két főre. – Table for two, please.

Kaphatok egy étlapot? – Can I get a menu?

Láthatom az étlapot? – Can I see a menu?

Szükségem van még néhány percre. – I need a few more minutes.

Szeretnék rendelni. – I would like to order.

Egy pohár vizet kérek. – A glass of water, please.

Bankkártyával szeretnék fizetni. – I would like to pay by card.

Készpénzzel szeretnék fizetni. – I would like to pay in cash.

Fizethetek bankkártyával? – Can I pay by card?

Bankkártyát elfogadnak? – Do you accept cards?

Igen, kérem. – Yes, please.

Nem, köszönöm. – No, thank you.

ital – drink

víz – water

szóda – soda

narancslé – orange juice

jeges tea – iced tea

kávé – coffee

tea - tea

kóla - coke

sör – beer

bor – wine

vörös/fehér bor – red/white wine

étel - food

hal – fish

csirke – chicken

sertés – pork

marha – beef

saláta – salad

desszert – dessert

torta – cake

fagylalt – ice cream

Allergiás vagyok a… - I am allergic to…

Allerigás vagyok a mogyoróra. – I am allergic to the peanut.

Allergiás vagyok a kagylóra. – I am allergic to the shellfish.

tej – milk

tojás – eggs

mogyoró – peanut

dió – walnut

glutén – gluten

kagyló – shellfish

Vegetáriánus vagyok. – I am vegetarian.

Vegán vagyok. – I am vegan.

Cukorbeteg vagyok. – I am diabetic.

Laktózérzékeny vagyok. – I am lactose intolerant.

Ez gluténmentes? – Is this gluten free?

– Jó napot!

– Jó napot! Egy szobát szeretnék foglalni.

– Rendben. Melyik napokra?

– December 23-tól December 27-ig.

– Hány főre?

– Két felnőtt és két gyermek.

– Hogyan szeretne fizetni? Bankkártyával vagy készpénzzel?

– Bankkártyával.

Egy szobát szeretnék foglalni. – I would like to reserve a room.

Egy foglalásom van… névre. - I have a reservation for name…

Van szabad szoba? – Is there any available room?

Mennyibe kerül a szoba? – How much for the room?

Milyen árú szobák vannak? – What are the rates of rooms?

Csak egy szobára lesz szükségem. – I will need only one room. Két szobára lesz szükségem. – I will need two rooms.

Két felnőtt. - Two adults.

Összesen négy felnőtt. - A total of four adults.

Egyedül leszek. - I will be alone.

Két felnőtt és két gyermek. – Two adults and two children.

Egy felnőtt és két gyermek. - One adult and two children.

Egy lakosztály. – One suite.

franciaágy – dubble bed

egyágyas szoba – one bed room

kétágyas szoba – two bed room

háromágyas szoba – triple bed room

négyágyas szoba – four bed room

Hungarians usually don't use the same bed sizes as in the English speaking countries. It is common to use phrase simple "one bed room, two bed room, triple bed room, four bedroom" etc.

Egy nem-dohányzó szobát kérek. - A non – smoking room, please.

Van Wi-fi csatlakozási lehetőség? – Is there Wi-fi connection possibility?

Van lehetőség reggelizni? – Is there the possibility to have breakfast?

Szeretnék December 28-tól Január 1-ig foglalni. – I would like to reserve from 28.12. till 1.1. Három napra szeretnék foglalni. – I would like to reserve for three days.

Négy napot fogok maradni. – I will stay for four days.

What the receptionist might say:

Van foglalása? – Do you have a reservation?

Rendben. Melyik napokra? – Right. For which days?

Milyen névre van foglalás? – What name is the reservation under?

Szobáink 15000 forinttól 30000 forintig kerülnek éjszakánként. – Our rooms are from 15000 forint to 30000 forint per night.

A standard szoba 15000 forintba, míg a lakosztály 30000 forintba kerül éjszakánként. – Standard room is 15000 forint per night, while the suite is 30000 forint per night.

Hány szobára lesz szüksége? - How many rooms will you need?

Hány szobát szeretne foglalni? - How many rooms would you like to reserve?

Csak egy szoba? – Only one room?

Hány személynek? – For how many persons?

Hány gyermek lesz? – How many children will be?

Egy vagy kétágyas szobát szeretne? – Would you like a one bedroom or a double bedroom?

Nem dohányzó vagy dohányó szobát szeretne? – Would you like a non – smoking room or smoking room?

Milyen dátumra szeretne foglalni? – Which dates would you like to reserve?

Mennyi ideig marad? – How long will you stay with us?

bejelentkezik/bejelentkezés – check in

kijelentkezik/kijelentkezés – check out

Mikor van a bejelentkezés/kijelentkezés? – When is check in/out?

Bejelentkezés délután 2-től. – Check in is from 2 p.m.

Kijelentkezés délelőtt 10-től. – Check out is from 10 a.m.

Common problems and questions

Kaphatok egy másik szobát? - Can I get another room? Ez a szoba túl kicsi. – This room is too small.

Ez a szoba nem tiszta. – This room is not clean.

Valami nincs rendben a wc-vel. – There is something wrong with the toilet.

Ez túl zajos. – It's too noisy.

Kaphatok törülközőket? – Can I get towels?

Kaphatok egy hajszárítót? - Can I get a hair dryer?

Kaphatok egy vasalót? – Can I get an iron?

Ez nem működik. – This one doesn't work.

1.   **Match question with the correct answer.**

Hány személynek?

Mennyi ideig marad?

Hány szobára lesz szüksége?

Nem dohányzó vagy dohányzó szobát szeretne?

Három napig fogok maradni.

Egy nem-dohányzó szobát kérek.

Két felnőtt.

Egy szobára lesz szükségem.

2. Write a number to put the questions and statements in the order you think it may be correct.

Egy szobát szeretnék foglalni.

Milyen áru szobák vannak?

Két felnőtt.

A standard szoba 15000 forintba, míg a lakosztály 30000 forintba kerül éjszakánként.

Szeretnék Február 5-től, február 10-ig foglalni.

Hány személynek?

Milyen dátumra szeretne foglalni?

3. Fill in the blanks.

Mennyi _______________ marad?

Ez _______________ zajos.

Valami _______________ rendben a wc-vel.

Hány _______________ lesz szüksége?

Van Wifi csatlakozási _______________?

Van szabad _______________?

Két szobára _______________ szükségem.

Egyedül _______________.

4. Write the word from the box below the photo.

____

____

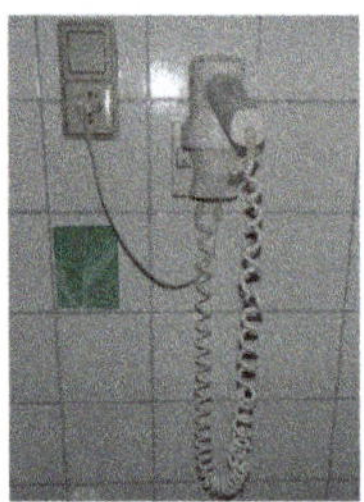

____

____

Is there the possibility to have breakfast?

____

A total of two adults.

____

I would like to reserve a room.

____

How much is the room?

____

How many children will be?

____

This room is not clean.

____

Can I get another room?

____

6.   **Translate to English.**

Ez túl zajos.

Egy vagy kétágyas szobát szeretne?

Milyen névre van foglalás?

Egy nem-dohányzó szobát kérek.

Van Wifi csatlakozási lehetőség?

Van szabad szoba?

Két szobára lesz szükségem.

7. Choose the correct translation.

I will be alone.
a, Két felnőtt.   b, Egyedül leszek.   c, Egy lakosztály.

Triple room.
a, Egy lakosztály.   b, egyágyas szoba   c, háromágyas szoba

Do you have a reservation?
a, Van foglalása?   b, Hány személynek?   c, Csak egy szoba?

Check-in
a, kijelentkezés   b, egyágyas szoba   c, bejelentkezés

8. Translate the text into Hungarian.

Good afternoon! My name is Peter. I would like to reserve a room for 3 days. A triple room. Is there the possibility to have breakfast? How much for the room?

9. Translate the dialogue of the beginning of the chapter.

– Jó napot!

– Jó napot! Egy szobát szeretnék foglalni.

– Rendben. Melyik napokra?

– December 23-tól December 27-ig.

– Hány személynek?

– Két felnőtt és két gyermek.

– Szeretne bankkártyával fizetni?

– Igen.

GLOSSARY

vendég – guest

foglalás – reservation

szoba – room

Egy szobát szeretnék foglalni. – I would like to reserve a room.

Egy foglalásom van… névre. - I have a reservation for name…

Van szabad szoba? – Is there any available room?

Mennyibe kerül a szoba? – How much for the room?

Milyen árú szobák vannak? – What are the rates of rooms?

ár – price/rate

Csak egy szobára lesz szükségem. – I will need only one room. Két szobára lesz szükségem. – I will need two rooms.

Két felnőtt. - Two adults.

Összesen négy felnőtt. - A total of four adults.

felnőtt – adult

gyerek – child

gyerekek – children

Egyedül leszek. - I will be alone.

Két felnőtt és két gyermek. – Two adults and two children.

Egy felnőtt és két gyermek. - One adult and two children.

Egy lakosztály. – One suite.

franciaágy – dubble bed

egyágyas szoba – one bed room

kétágyas szoba – two bed room

háromágyas szoba – triple bed room

négyágyas szoba – four bed room

Egy nem-dohányzó szobát kérek. - A non – smoking room, please.

Bármelyik megfelel. – Either is fine.

Van Wi-fi csatlakozási lehetőség? – Is there Wi-fi connection possibility?

Van lehetőség reggelizni? – Is there the possibility to have breakfast?

reggeli – breakfast

csatlakozási lehetőség – connection possibility

Szeretnék December 28-tól Január 1-ig foglalni. – I would like to reserve from 28.12. till 1.1. Három napra szeretnék foglalni. – I would like to reserve for three days.

nap – day

napok – days

Négy napot fogok maradni. – I will stay for four days.

Van foglalása? – Do you have a reservation?

Rendben. Melyik napokra? – Right. For which days?

Milyen névre van foglalás? – What name is the reservation under?

Szobáink 15000 forinttól 30000 forintig kerülnek éjszakánként. – Our rooms are from 15000 forint to 30000 forint per night.

A standard szoba 15000 forintba, míg a lakosztály 30000 forintba kerül éjszakánként. – Standard room is 15000 forint per night, while the suite is 30000 forint per night.

Hány szobára lesz szüksége? - How many rooms will you need?

Hány szobát szeretne foglalni? - How many rooms would you like to reserve?

Csak egy szoba? – Only one room?

Hány személynek? – For how many persons?

Hány gyermek lesz? – How many children will be?

Egy vagy kétágyas szobát szeretne? – Would you like a one bedroom or a double bedroom?

Nem dohányzó vagy dohányó szobát szeretne? – Would you like a non – smoking room or smoking room?

Milyen dátumra szeretne foglalni? – Which dates would you like to reserve?

Mennyi ideig marad? – How long will you stay with us?

bejelentkezik/bejelentkezés – check in

kijelentkezik/kijelentkezés – check out

Mikor van a bejelentkezés/kijelentkezés? – When is check in/out?

Bejelentkezés délután 2-től. – Check in is from 2 p.m.

Kijelentkezés délelőtt 10-től. – Check out is from 10 a.m.

Kaphatok egy másik szobát? - Can I get another room? Ez a szoba túl kicsi. – This room is too small.

Ez a szoba nem tiszta. – This room is not clean.

Valami nincs rendben a wc-vel. – There is

something wrong with the toilet.

Ez túl zajos. – It's too noisy.

Kaphatok törülközőket? – Can I get towels?

Kaphatok egy hajszárítót? - Can I get a hair dryer?

Kaphatok egy vasalót? – Can I get an iron?

Ez nem működik. – This one doesn't work.

szobaszervíz – room service

törülköző – towel

törülközők – towels

hajszárító – hair dryer

vasaló – iron

– Jó napot!

– Jó napot! Valami mást?

– Ez minden, köszönöm.

– Adhatok szatyrot?

– Nem, köszönöm.

– Kártyával vagy készpénzzel szeretne fizetni?

– Kártyával.

Key words:

vásárlás – shopping

vevő – customer

pénztáros – cashier

eladó – salesperson/clerk

kassza – cash register

bevásárlókocsi – shopping cart

bevásárló kosár – shopping basket

szatyor – shopping bag

élelmiszerbolt – grocery

hentes – butcher

pékség – bakery

szupermarket – supermarket

gyümölcs – fruit

zöldség – vegetable

banán – banana

alma – apple

körte – pear

barack – peach

narancs – orange

citrom – lemon

szőlő – grapes

sárgadinnye – melon

eper – strawberry

ananász – pineapple

káposzta – cabbage

répa – carrot

burgonya – potato

paradicsom – tomato

hagyma – onion

saláta – salad

uborka – cucumber

paprika – pepper

gomba – mushroom

hús – meat

hal – fish

tejtermékek – dairy products

joghurt – yogurt

sajt – cheese

tej – milk

kenyér – bread

só – salt

cukor – sugar

műzli – cereal

fagyasztott étel – frozen food

Hol van….? – Where is…?

Hol vannak….? – Where are…?

Valami mást? – Something else?

Szeretne valami mást? – Would you like something else?

Ez minden. – That's all.

Szeretne egy szatyrot? – Would you like a shopping bag?

Kaphatok egy szatyrot? – Can I get a shopping bag?

Kártyával vagy készpénzzel szeretne fizetni? – Would you like to pay by car or in cash?

készpénz – cash

blokk – receipt

card – bankkártya

nyitva – open

zárva – closed

1. **Choose the correct translation.**

burgonya
a, tomato   b, cucumber   c, potato

káposzta
a, cabbage   b, carrot   c, lemon

pénztáros
a, salesperson   b, cashier   c, butcher

élelmiszerbolt
a, butcher   b, grocery   c, bakery

hús
a, meat   b, orange   c, cereal

2. **Write the correct word in Hungarian below the photo.**

____

____

____

____

____

3. **Translate to Hungarian.**

Where are....?   _______________________________

That's all.   _______________________________

bread   _______________________________

dairy products   _______________________________

frozen food   _______________________________

4. **Translate to English.**

eper   _______________________________

szőlő   _______________________________

eladó   _______________________________

pékség   _______________________________

hentes   _______________________________

5. **Translate the dialogue of the beginning of the chapter.**

– Jó napot!

– Jó napot! Valami mást?

– Ez minden, köszönöm.

– Szeretne egy szatyrot?

– Nem, köszönöm.

– Kártyával vagy készpénzzel szeretne fizetni?

– Kártyával.

____

____

____

____

____

____

____

6. **Match the word with the correct translation.**

paradicsom	shopping basket
bevásárlókosár	sugar
nyitva	milk
zárva	open
tej	tomato
cukor	closed

7. **Write down in Hungarian all the products that you see in the photo.**

____

____

____

____

____

GLOSSARY

vásárlás – shopping
vevő – customer
pénztáros – cashier
eladó – salesperson/clerk
kassza – cash register
bevásárlókocsi – shopping cart
bevásárló kosár – shopping basket
szatyor – shopping bag
élelmiszerbolt – grocery
hentes – butcher
pékség – bakery
szupermarket – supermarket
gyümölcs – fruit
zöldség – vegetable
banán – banana
alma – apple
körte – pear
barack – peach
narancs – orange
citrom – lemon
szőlő – grapes
sárgadinnye – melon
eper – strawberry
ananász – pineapple
káposzta – cabbage
répa – carrot
burgonya – potato
paradicsom – tomato
hagyma – onion
saláta – salad

uborka – cucumber
paprika – pepper
gomba – mushroom
hús – meat
hal – fish
tejtermékek – dairy products
joghurt – yogurt
sajt – cheese
tej – milk
kenyér – bread
só – salt
cukor – sugar
műzli – cereal
fagyasztott étel – frozen food
Hol van....? – Where is…?
Hol vannak....? – Where are…?
Valami mást? – Something else?
Szeretne valami mást? – Would you like something else?
Ez minden. – That's all.
Szeretne egy szatyrot? – Would you like a shopping bag?
Kaphatok egy szatyrot? – Can I get a shopping bag?
Kártyával vagy készpénzzel szeretne fizetni? – Would you like to pay by car or in cash?
készpénz – cash
blokk – receipt
card – bankkártya
nyitva – open
zárva – closed

Tőszámnevek – Cardinal Numbers

0 - nulla	12 - tizenkettő	…
1 - egy	13 - tizenhárom	28 - huszonnyolc
2- kettő	14 - tizennégy	29 - huszonkilenc
3 - három	15 - tizenöt	30 - harminc
4 - négy	16 - tizenhat	31 - harmincegy
5 - öt	17 - tizenhét	32 - harminckettő
6 - hat	18 - tizennyolc	…
7 - hét	19 - tizenkilenc	40 - negyven
8 - nyolc	20 - húsz	50 - ötven
9 - kilenc	21 - huszonegy	60 - hatvan
10 - tíz	22 - huszonkettő	70 - hetven
11 - tizenegy	23 - huszonhárom	80 - nyolcvan

90 - kilencven	130 - százharminc	200 - kétszáz
100 - száz	140 - száznegyven	300 - háromszáz
101 - százegy	150 - százötven	400 - négyszáz
102 - százkettő	160 - százhatvan	500 - ötszáz
103 - százhárom	170 - százhetven	600 - hatszáz
110 - száztíz	180 - száznyolcvan	700 - hétszáz
111 - száztizenegy	190 - százkilencven	800 - nyolcszáz
…	…	900 - kilencszáz
120 - százhúsz	198 - százkilencvennyolc	1000 - ezer
121 - százhuszonegy	199 - százkilencvenkilenc	

Sorszámnevek – Ordinal Numbers

1. - első	6. - hatodik
2. - második	7. - hetedik
3. - harmadik	8. - nyolcadik
4. - negyedik	9. - kilencedik
5. - ötödik	10. - tizedik

Try saying it:

22 éves vagyok. – I'm 22 years old.

A férjem 35 éves. – My husband is 35.

A feleségem 31 éves. – My wife is 31.

A fiam 11 éves. – My son is 11.

A lányom 8 éves. – My daughter is 8.

1.   Write numbers in Hungarian.

51 _______________________

23 _______________________

79 _______________________

85 _______________________

110 _______________________

450 _______________________

5 _______________________

2. **Match the correct numbers!**

19	huszonhét
38	tizenkilenc
140	háromszáz
300	száznegyven
27	harmincnyolc

3. **Fill in the blanks.**

a, öt, hat, ___________ nyolc, ___________ tíz

b, száz, kétszáz, ___________, négyszáz, ___________, hatszáz, ___________

c, huszonkettő, huszonhárom, ___________, huszonöt, ___________

d, százharmincegy, százharminckettő, ___________, ___________,

4. **Translate to English.**

Harmincnyolc éves vagyok. A feleségem harminckét éves. Budapestről való vagyok.

____

____

5. **Write down the numbers with letters.**

6 _______________________________

13 _______________________________

29 _______________________________

48 _______________________________

577 _______________________________

6. **Calculate and write the answers in Hungarian!**

17 + 15 = _______________________________

37 + 24 = _______________________________

80 − 31 = _______________________________

149 − 52 = _______________________________

350 + 210 = _______________________________

7. Choose the correct translation.

My wife is 27.

a, A feleségem huszonhét éves.   b, A férjem huszonhét éves.   c, A fiam tíz éves.

My husband is 45.

a, A férjem negyvennégy éves.   b, A férjem negyvenegy éves.   c, A férjem negyvenöt éves.

My daughter is 30.

a, A lányom harminc éves.   b, A lányom húsz éves.   c, A lányom tíz éves.

My son is 17.

a, A feleségem húsz éves.   b, A fiam tíz éves.   c, A fiam tizenhét éves.

GLOSSARY

tőszámnevek – cardinal numbers
sorszámnevek – ordinal numbers
number – szám
numbers – számok
nulla – zero
egy - one
kettő - two
három - three
négy - four
öt - five
hat - six
hét - seven
nyolc - eight
kilenc - nine
tíz - ten
tizenegy - eleven
tizenkettő - twelve
tizenhárom - thirteen
tizennégy - fourteen
tizenöt - fifteen
tizenhat - sixteen
tizenhét - seventeen
tizennyolc - eighteen
tizenkilenc - nineteen
húsz - twenty
harminc - thirty
negyven - fourty
ötven - fifty

hatvan - sixty
hetven - seventy
nyolcvan - eighty
kilencven - ninety
száz - hundred
kétszáz – two hundred
háromszáz – three hundred
négyszáz – four hundred
ötszáz – five hundred
hatszáz – six hundred
hétszáz – seven hundred
nyolcszáz – eight hundred
kilencszáz – nine hundred
ezer - thousand
22 éves vagyok. – I'm 22 years old.
A férjem 35 éves. – My husband is 35.
A feleségem 31 éves. – My wife is 31.
A fiam 11 éves. – My son is 11.
A lányom 8 éves. – My daughter is 8.
év – year
évek – years

.... éves vagyok. – I'm ..... years old.
..... éves. – He/She/It's ..... years old.
férj – husband
feleség – wife
fia – son
lánya – daughter
férjem – my husband
feleségem – my wife
fiam – my son
lányom – my daughter

ország – country
főváros – capital city

Magyarország - Hungary	Budapest - Budapest
Anglia - England	London - London
Finnország - Finland	Helszinki - Helsinki
Svédország - Sweden	Stokholm - Stockholm
Norvégia - Norway	Oslo - Oslo
Horvátország - Croatia	Zágráb - Zagreb
Franciaország - France	Párizs - Paris
Spanyolország - Spain	Madrid - Madrid
Csehország - Czech Republic	Prága - Prague
Lengyelország - Poland	Varsó - Warsaw

Szlovénia - Slovenia	Ljubljana - Ljubljana
Olaszország - Italy	Róma - Rome
Németország - Germany	Berlin - Berlin
Ausztria - Austria	Bécs - Vienna

The biggest cities of Hungary are the capital city of Budapest, Debrecen, Szeged, Győr, Miskolc, Pécs.

napszak – time of the day

reggel – morning

dél – noon

délután – afternoon

este – evening

éjszaka – night

éjfél – midnight

nap – day

hétköznap – weekday

hétvége – weekend

Hétfő	Monday
Kedd	Tuesday
Szerda	Wednesday
Csütörtök	Thursday
Péntek	Friday
Szombat	Saturday
Vasárnap	Sunday

1. Observe and write the time.

____

____

____

____

óra – clock/hour

órák – clocks/hours

perc – minute

percek – minutes

Január	January
Február	February
Március	March
Április	April
Május	May
Június	June
Július	July
Augusztus	August
Szeptember	September
Október	October
November	November
December	December

2. Write the name of the capital city under the photo.

3. **Match the words.**

hétfő	wednesday
péntek	sunday
csütörtök	saturday
szombat	monday
kedd	thursday
vasárnap	tuesday
szerda	Friday

4. **Translate to English.**

Május _______________________

Október _______________________

Január _______________________

Március _______________________

Február _______________________

5. **Translate to Hungarian.**

night _______________________

weekend _______________________

hour _______________________

morning _______________________

midnight _______________________

6. **Draw clock hands in order to show the correct time.**

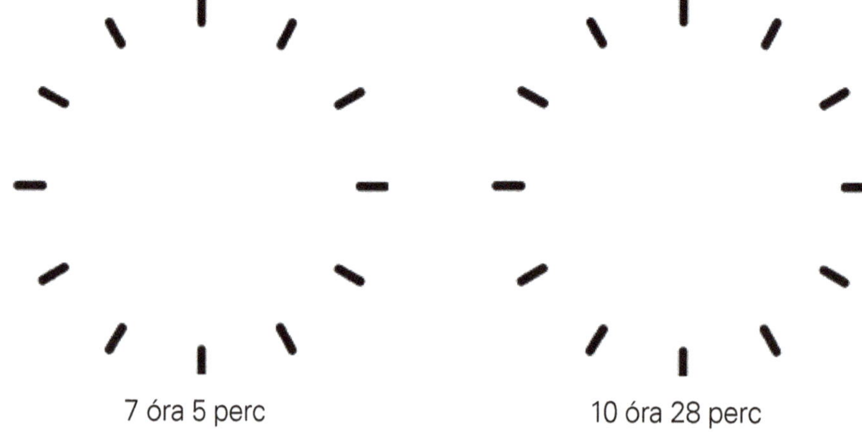

7 óra 5 perc   10 óra 28 perc

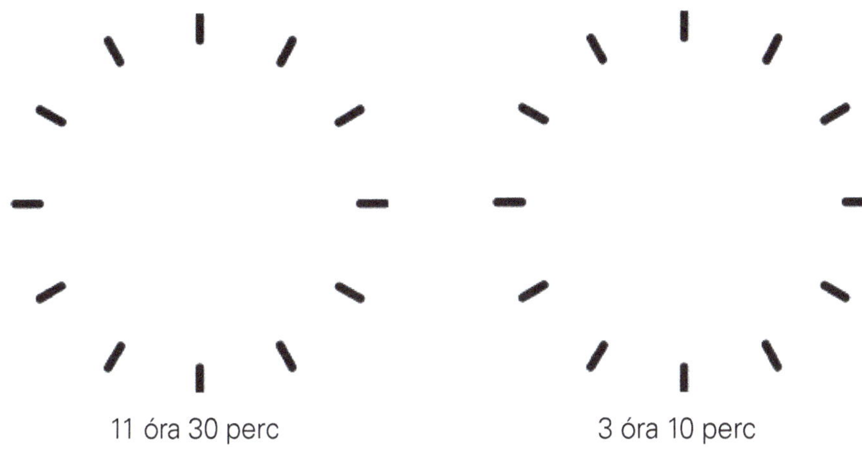

11 óra 30 perc   3 óra 10 perc

7. Circle the correct translation.

Péntek

a, Thursday	b, Monday	c, Friday

Június

a, Július	b, Június	c, Január

hétköznap

a, weekend	b, weekday	c, noon

perc

a, minute	b, hour	c, clock

8. Match the country with the correct translation.

Italy	Svédország
Hungary	Olaszország
Norway	Németország
Germany	Magyarország
Sweden	Norvégia

9. Which months are missing from the list?

Március, December, Február, Augusztus, November, Július, Április, Szeptember, Május

____

____

GLOSSARY

ország – country
főváros – capital city
Magyarország - Hungary
Anglia - England
Finnország - Finland
Svédország - Sweden
Norvégia - Norway
Horvátország - Croatia
Franciaország - France
Spanyolország - Spain
Csehország - Czech Republic
Lengyelország - Poland
Szlovénia - Slovenia
Olaszország - Italy
Németország - Germany
Ausztria – Austria
Budapest - Budapest
London - London
Helszinki - Helsinki
Stokholm - Stockholm
Oslo - Oslo
Zágráb - Zagreb
Párizs - Paris
Madrid - Madrid
Prága - Prague
Varsó - Warsaw
Ljubljana - Ljubljana
Róma - Rome
Berlin - Berlin
Bécs – Vienna
napszak – time of the day
reggel – morning
dél – noon
délután – afternoon

este – evening
éjszaka – night
éjfél – midnight
nap – day
hétköznap – weekday
hétvége – weekend
Hétfő - Monday
Kedd - Tuesday
Szerda - Wednesday
Csütörtök - Thursday
Péntek - Friday
Szombat - Saturday
Vasárnap – Sunday
óra – clock/hour
órák – clocks/hours
perc – minute
percek – minutes
Január - January
Február - February
Március - March
Április - April
Május - May
Június - June
Július - July
Augusztus - August
Szeptember - September
Október - October
November - November
December - December

Key words:

eső	rain	esős	rainy
nap	sun	napos	sunny
szél	wind	szeles	windy
felhő	cloud	felhős	cloudy
köd	fog	ködös	foggy
mennydörgés	thunder	mennydörgés	thunder
hó	snow	havas	snowy

időjárás előrejelzés – weather forecast

időjárás – weather

meleg – warm

hideg – cold

forró – hot

vihar – storm

Milyen idő van? – What's the weather like?

Esik. – It's rainy.

1. Write the weather below the pictures.

____

____

____

____

2. Read the following words.

nyár – summer   autumn - ősz

tél – winter   spring – tavasz

3. Translate to Hungarian.

It's foggy. _______________________________

It's rainy. _______________________________

The summer is hot. _______________________________

The winter is cold. _______________________________

Weather forecast _______________________________

4. Match the words.

tél	thunder
tavasz	wind
eső	winter
ködös	foggy
mennydörgés	spring
szél	rain

5. Fill in the blanks.

Milyen _____________ (weather) van?

Az este _____________ (cold).

Olaszország _____________ (warm).

A péntek _____________ (rainy).

6. Choose the correct answer.

nyár
a, winter   b, summer   c, autumn

vihar
a, wind   b, sun   c, storm

eső
a, rain   b, wind   c, thunder

ködös
a, cloudy   b, thunder   c, foggy

7. Write the correct season below the pictures.

GLOSSARY

eső - rain

nap - sun

szél - wind

felhő - cloud

köd - fog

mennydörgés - thunder

hó - snow

esős - rainy

napos - sunny

szeles - windy

felhős - cloudy

ködös - foggy

mennydörgés - thunder

havas - snowy

időjárás előrejelzés – weather forecast

időjárás – weather

meleg – warm

hideg – cold

forró – hot

vihar – storm

Milyen idő van? – What's the weather like?

Esik. – It's rainy.

nyár – summer

autumn - ősz

tél – winter

spring – tavasz

– Jó napot! Autót szeretnék bérelni.

– Jó napot! Van foglalása?

– Nincs. Van autójuk?

– Sajnos nincs több autónk.

Key words and phrases:

autóbérlő – car rental

autóbérlés – car renting

autó – car

bérel – rent

üzemanyag – fuel

benzin – petrol

gázolaj – diesel

benzinkút – gas station

olajszint – oil level

Szeretnék autót bérelni. – I would like to rent a car.

Van még elérhető autójuk? – Do you have any cars available?

Egy hétre szeretnék bérelni autót. – I would like to rent a car for a week.

Ellenőrizné az olajszintet? – Can you control the oil level?

Szeretném megtankolni. – I would like to pump the fuel.

Itt a tank. – Here's the tank.

automata – automatic

manuális – manual

városi autó – city car

limuzin – limousine

terepjáró – SUV

kisteherautó – van

3 ajtós – three-door

5 ajtós – five-door

gyerekülés – child seat

biztosítás – insurance

adó – tax

ár – price

vezetői engedély – driving licence

What car rental assistant/gas station attendant might say

Sajnos nincs több elérhető autónk. – Unfortunately, we don't have any cars available.

Igen, van. – Yes, we have.

Nem, nincsen. – No, we don't have.

Milyen autót szeretne? – What type of car would you like?

Milyen üzemanyagra van szüksége? – What type of fuel do you need?

Mennyi ideig van az autóra szüksége? – How long will you need the car?

Akar biztosítást? – Do you want an insurance?

Láthatnám a vezetői engedélyét? – Can I see your driving licence?

1. Translate the dialogue of the beginning of the chapter.

– Jó napot! Autót szeretnék bérelni.

– Jó napot! Van foglalása?

– Nincs. Van autójuk?

– Sajnos nincs több autónk.

____

____

____

____

2. Translate to Hungarian.

child seat _______________________________

driving licence _______________________________

insurance _______________________________

automatic _______________________________

Unfortunately, we don't have any available cars. _______________________

____

3. Read the dialogue and answer the questions.

– Szeretnék autót bérelni. Van még elérhető autójuk?

– Igen, van. Milyen autót szeretne?

– Egy városi autót.

– Akar biztosítást?

– Igen.

Does car rental service have any available cars?

____

What type of car does the customer want?

____

How long will the customer need the car?

____

Does the customer want an insurance?

____

4. Choose the correct answer.

autóbérlés
a, car rental   b, rent   c, car renting

terepjáró
a, SUV   b, city car   c, limuzin

üzemanyag
a, gas station   b, diesel   c, fuel

biztosítás
a, insurance   b, manual   c, driving licence

5. Translate to Hungarian.

Good morning!

Good morning! I would like to pump the fuel.

What type of fuel do you need?

Diesel. Can you check the oil level?

Yes.

____

____

____

____

____

GLOSSARY

autóbérlő – car rental

autóbérlés – car renting

autó – car

bérel – rent

üzemanyag – fuel

benzin – petrol

gázolaj – diesel

benzinkút – gas station

olajszint – oil level

Szeretnék autót bérelni. – I would like to rent a car.

Van még elérhető autójuk? – Do you have any cars available?

Egy hétre szeretnék bérelni autót. – I would like to rent a car for a week.

Ellenőrizné az olajszintet? – Can you control the oil level?

Szeretném megtankolni. – I would like to pump the fuel.

Itt a tank. – Here's the tank.

automata – automatic

manuális – manual

városi autó – city car

limuzin – limousine

terepjáró – SUV

kisteherautó – van

3 ajtós – three-door

5 ajtós – five-door

gyerekülés – child seat

biztosítás – insurance

adó – tax

ár – price

vezetői engedély – driving licence

Sajnos nincs több elérhető autónk. – Unfortunately, we don't have any cars available.

Igen, van. – Yes, we have.

Nem, nincsen. – No, we don't have.

Milyen autót szeretne? – What type of car would you like?

Milyen üzemanyagra van szüksége? – What type of fuel do you need?

Mennyi ideig van az autóra szüksége? – How long will you need the car?

Akar biztosítást? – Do you want an insurance?

Láthatnám a vezetői engedélyét? – Can I see your driving licence?

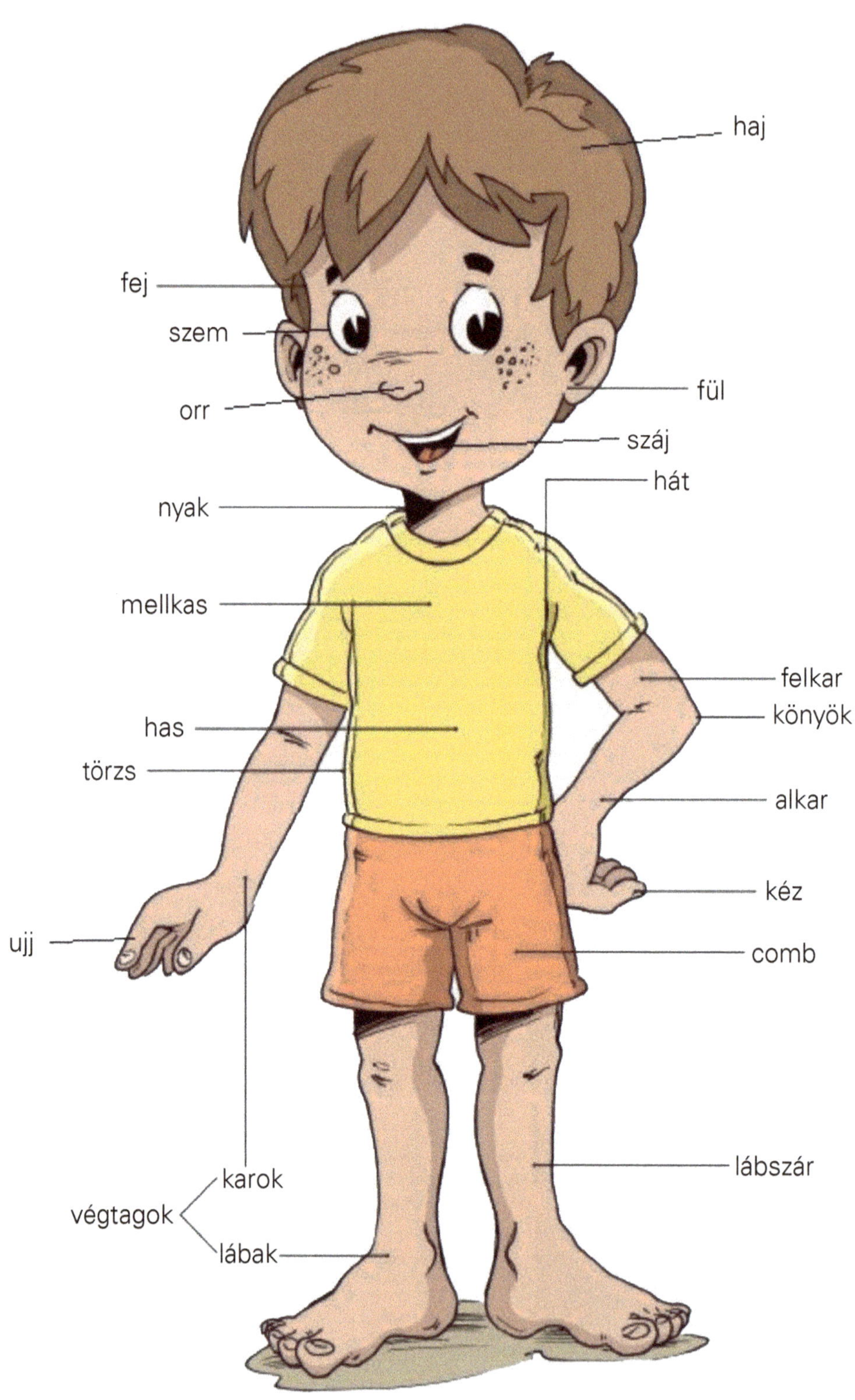
haj
fej
szem
orr
fül
száj
hát
nyak
mellkas
felkar
könyök
has
törzs
alkar
kéz
ujj
comb
lábszár
karok
végtagok
lábak

Key words:

allergia – allergy

asztma – asthma

eltört láb – broken leg

eltört kar – broken arm

eltört ujj – broken finger

köhögés – cough

megfázás – cold

influenza – flu

láz – fever

kiütés – rash

fejfájás – headache

fogfájás – toothache

napégés – sunburn

sore throat – torokfájás

Emergency numbers:

If you need help, you can call the unique European emergency number, it's 112.

Ambulance: 104

Fire Department: 105

Police: 107

In every case, you have to say your name, your location, your phone number, what happened, some details about the patient (age, consciusness, breathing, general status).

Mit történt? – What happened?

Hogyan segíthetek? – How can I help you?

Hol van a legközelebbi kórház? - Where is the nearest hospital?

Eltud vinni az orvoshoz? - Can you take me to the doctor?

Baleset volt. - There was an accident.

A telefonszámom… - My phone number is…

autóbaleset - car accident

sérült személy – injured person

elveszti eszméletét – lose consciousness

légzési nehézségek – breathing troubles

seb – wound

vérzik – bleed

inekció – injection

vakcina – vaccine

1. Write the illness in Hungarian next to its description.

Redding and peeling of the skin caused by the overexposure to the sun

____

A pain in the head ______________________________________

____

An abnormally high body temperature ____________________

____

An area of redness and spots on a person's skin ___________

____

2. Write the correct part of body in Hungarian next to the definitons.

It's found on the top of the head.

____

You can speak with this.

____

You can smell everything with it.

____

You can turn your head thanks to this.

____

You can hold everything with your…

____

3. Fill in the blanks.

Eltudna _____________ a kórházban?

_____________ telefonszámom….

Hol van a _____________ kórház?

Baleset _____________.

4. Match the words.

szem	back
fej	belly
ujj	eye
karok	arm
has	head
hát	finger

5. Choose the correct answer.

köhögés
a, cough   b, bleed   c, vaccine

láz
a, cough   b, fever   c, cold

fogfájás
a, toothache   b, headache   c, flu

napégés
a, rash   b, broken leg   c, sunburn

6. Translate to Hungarian.

elbow _________________________________

leg _________________________________

foot _________________________________

head _________________________________

tooth _________________________________

hair _________________________________

7. Read the dialogue and answer the questions.

What's happened? _________________________________

Who is calling the ambulance? _________________________________

What is his phone number?

How old is the injured person?

– Jó estét! Engem Tomnak hívnak.

– Jó estét! Hogyan segíthetek?

– Baleset volt.

– Mi történt?

– Autóbaleset volt. A sérült személy 24 éves.

– Lélegzik?

– Igen.

Has he lost his consciousness?

How does he breathe?

– Elvesztette az eszméletét?

– Nem.

– Mi a telefonszáma?

– A telefonszámom 355 1741.

GLOSSARY

allergia – allergy

asztma – asthma

eltört láb – broken leg

eltört kar – broken arm

eltört ujj – broken finger

köhögés – cough

megfázás – cold

influenza – flu

láz – fever

fogfájás – toothache

sore throat – torokfájás

Mit történt? – What happened?

Hogyan segíthetek? – How can I help you?

Hol van a legközelebbi kórház? - Where is the nearest hospital?

Eltud vinni az orvoshoz? - Can you take me to the doctor?

Baleset volt. - There was an accident.

autóbaleset - car accident

sérült személy – injured person

elveszti eszméletét – lose consciousness

légzési nehézségek – breathing troubles

seb – wound

vérzik – bleed

inekció – injection

vakcina – vaccine

haj – hair

fej – head

szem – eye

orr – nose

száj – mouth

fog – tooth

fül – ear

nyak - neck

mellkas - chest

has - belly

hát - back

törzs - body

felkar – upper arm

alkar - forearm

könyök - elbow

kéz - hand

comb - thigh

ujj - finger

végtagok - extremities

karok - arms

lábak – feet

lábszár - leg

– Jó napot! Szeretnék egy ismertetőt.

– Jó napot! Milyen nyelven?

– Angolul.

– Tessék, itt van.

– Köszönöm.

Key phrases:

Szeretnék egy ismertetőt. – I would like a guidebook.

Szeretnék egy térképet. – I would like a map.

Kaphatok információt a kulturális látnivalókról? – Can I get information on cultural sights?

kulturális – cultural

helyi – local

vallási – religious

Szeretném látni… - I would like to see…

Mi az? – What's that?

Tud csinálni egy fotót rólam? – Can you take a photo of me?

Signs

bejárat – entrance

mosdó – toilet

információ – information

ingyenes belépés – free entry

tilos – prohibited

kijárat – exit

Ne fényképezzen! – Do not take photos!

nem dohányzó – no smoking

ne nyúljon hozzá – do not touch

ne használjon vakut – do not use flash

gyerek – child

felnőtt – adult

csoport – group

nyugdíjas – pensioner

tanuló – student

Tud ajánlani egy hajóutat? – Can you recommend a boat trip?

Mikor van a következő kirándulás? – When is the next excursion?

étterem – restaurant

múzeum – museum

színház – theatre

utazási iroda – travel agency

szálloda – hotel

jegy – ticket

pénzváltó – currency exchange

ügyfélszolgálat – customer service

1. Write the correct word below the photos.

___________   _______

2. Translate to English.

ingyenes belépés _______________________________________

felnőtt _______________________________________

kijárat _______________________________________

tilos _______________________________________

mosdó _______________________________________

3. Finish the sentences.

Tud ajánlani egy _________________?

Ne használjon _________________

Mikor van a következő _________________?

Tud csinálni egy fotót _________________?

Kaphatok információt a kulturális _________________?

4. In the following text, circle the words that you know.

Budapesten számtalan látnivaló van. Mehet múzeumokban, színházban vagy akár tehet egy hajóutat is a Dunán. A magyar gasztronómiának nincs párja. A belváros tele van jobbnál jobb étteremmel. Ha további információra van szüksége, keressen fel egy utazási irodát.

5. Choose the correct words.

csoport
a, pensioner   b, group   c, student

bejárat
a, entrance   b, exit   c, toilet

helyi
a, religious   b, cultural   c, local

jegy
a, theatre   b, museum   c, ticket

ügyfélszolgálat
a, customer service   b, hotel   c, restaurant

6. What do these signs mean? Write the answer in Hungarian.

_____ _____

____

7. Which answer could be correct to the questions? Match them.

Tud ajánlani egy hajóutat?

Mikor van a következő kirándulás?

Kaphatok információt a helyi látnivalókról?

Tud csinálni egy fotót rólam?

Persze. Milyen fotót szeretne?

Reggel 9 órakor lesz a következő.

Igen. A Dunán sok kis hajó van.

Rengeteg látnivaló van a belvárosban.

GLOSSARY

Szeretnék egy ismertetőt. – I would like a guidebook.

ismertető - guidebook

Szeretnék egy térképet. – I would like a map.

térkép - map

Kaphatok információt a kulturális látnivalókról? – Can I get information on cultural sights?

sights - látnivalók

kulturális – cultural

helyi – local

vallási – religious

Szeretném látni... - I would like to see...

Mi az? – What's that?

Tud csinálni egy fotót rólam? – Can you take a photo of me?

bejárat – entrance

mosdó – toilet

információ – information

ingyenes belépés – free entry

tilos – prohibited

kijárat – exit

Ne fényképezzen! – Do not take photos!

nem dohányzó – no smoking

ne nyúljon hozzá – do not touch

ne használjon vakut – do not use flash

gyerek – child

felnőtt – adult

csoport – group

nyugdíjas – pensioner

tanuló – student

Tud ajánlani egy hajóutat? – Can you recommend a boat trip?

Mikor van a következő kirándulás? – When is the next excursion?

boat trip – hajóút

excursion – kirándulás

következő – next

étterem – restaurant

múzeum – museum

színház – theatre

utazási iroda – travel agency

szálloda – hotel

jegy – ticket

pénzváltó – currency exchange

ügyfélszolgálat – customer service

– Szeretnék egy képeslapot elküldeni.

– Hova szeretné küldeni?

– Rómába.

– Elsőbbségivel vagy simán?

– Elsőbbségivel, köszönöm.

– Írja rá az irányítószámot.

– Rendben.

Key phrases:

Szeretnék egy képeslapot elküldeni. – I would like to send a postcard.

képeslap – postcard

elküld – send

Hova szeretné küldeni? – Where woud you like to send it?

Elsőbbségivel vagy simán? – By express or regular mail?

elsőbbségi – express

sima – regular

Írja rá az irányítószámot. – Please write the postcode.

irányítószám – postcode

Rendben. – Ok.

Hol van a legközelebbi posta? – Where is the nearest post office?

posta – post office

név – name

cím – address

feladó – sender

bélyeg – stamp

levél – letter

boríték - envelope

1.   Write the elements of a postcard in Hungarian.

2.   Match the words.

posta	envelope
elküld	regulare
elsőbbségi	post office
sima	express
képeslap	send
boríték	postcard

3.   Choose the correct answer.

Szeretnék egy levelet elküldeni.
a, I would like to send a letter.　　　　　b, I would like to send a postcard.

Írja rá az irányítószámot.
a, Please write the name.　　　　　b, Please write the postcode.

Hol van a legközelebbi posta?
a, Where is the nearist hospital?　　　　　b, Where is the nearist post office?

Mobile and cellphone.

Szeretnék egy töltőt. – I would like a charger.

charger – töltő

Kérhetek egy SIM kártyát? – Can I ask a SIM card?

SIM kártya – SIM card

Milyen tarifák vannak? – What are the rates?

rates - tarifák

nemzetközi telefonszámok – international phone numbers

helyi telefonszámok – local phone numbers

feltöltés – recharge

internet hozzáférés – internet access

Kaphatok internet hozzáférést? – Can I get internet access?

4. Translate to English.

feltöltés

internet hozzáférés

helyi telefonszámok

cím

posta

irányítószám

levél

töltő

Since Hungary is part of the European Union, you can call all the European number (Switzerland, Norway, Licheinstein included) without any plus cost. Please ask information from you mobile operator to avoid any unexpected circumstances. The country code is +36. There are three main mobile operators, Vodafone, Telekom and Telenor. If you would like to buy a Hungarian SIM card, search for the logo of these operators. They have shops in the biggest shopping centres and main squares/streets.

GLOSSARY

Szeretnék egy képeslapot elküldeni. – I would like to send a postcard.

képeslap – postcard

elküld – send

Hova szeretné küldeni? – Where woud you like to send it?

Elsőbbségivel vagy simán? – By express or regular mail?

elsőbbségi – express

sima – regular

Írja rá az irányítószámot. – Please write the postcode.

irányítószám – postcode

Rendben. – Ok.

Hol van a legközelebbi posta? – Where is the nearest post office?

posta – post office

név – name

cím – address

feladó – sender

bélyeg – stamp

levél – letter

boríték – envelope

Szeretnék egy töltőt. – I would like a charger.

charger – töltő

Kérhetek egy SIM kártyát? – Can I ask a SIM card?

SIM kártya – SIM card

Milyen tarifák vannak? – What are the rates?

rates - tarifák

nemzetközi telefonszámok – international phone numbers

helyi telefonszámok – local phone numbers

feltöltés – recharge

internet hozzáférés – internet access

Kaphatok internet hozzáférést? – Can I get internet access?

Key phrases:

Hol tudok készpénzt levenni? – Where can I withdraw cash?

Hol tudok pénzt váltani? – Where can I change money?

Hol van a legközelebbi automata? – Where is the nearest ATM?

Hol van a legközelebbi pénzváltó? – Where is the nearest foreign exchange?

Hol van a legközelebbi bank? – Where is the nearest bank?

készpénzt levesz – withdraw cash

pénzt vált – change money

Mikor nyit a bank? – What time does the bank open?

Az automata elvette a kártyámat. – The ATM took my card.

Elfelejtettem a PIN kódot – I forgot my PIN.

Elvesztettem a hitelkártyámat. – I lost my credit card.

Milyen váltási árfolyam van? – What's the exchange rate?

Mennyi a díja? – What's the commission?

váltási árfolyam – exchange rate

díj – commission

1. What would you say in Hungarian?

The credit card is lost. ____

I don't remember my PIN code. _______________________________________

It's a fee to pay when we change money. _______________________________

When you want to withdaw money, you use this machine. ________________

____

2. Translate to English.

Mikor nyit a bank? ____

Hol van a legközelebbi automata? _________________________________

Hol van a legközelebbi bank? _____________________________________

Mennyi a díja? ____

váltási árfolyam ____

3. Write the sentences in the correct word order.

van árfolyam milyen váltási? _____________________________________

tudok levenni hol készpénzt? _____________________________________

kódot PIN a elfelejtettem. _______________________________________

a pénzváltó hol legközelebbi van? _______________________________

a elvesztettem hitelkártyámat. ___________________________________

GLOSSARY

Hol tudok készpénzt levenni? – Where can I withdraw cash?

Hol tudok pénzt váltani? – Where can I change money?

Hol van a legközelebbi automata? – Where is the nearest ATM?

Hol van a legközelebbi pénzváltó? – Where is the nearest foreign exchange?

Hol van a legközelebbi bank? – Where is the nearest bank?

készpénzt levesz – withdraw cash

pénzt vált – change money

Mikor nyit a bank? – What time does the bank open?

Az automata elvette a kártyámat. – The ATM took my card.

Elfelejtettem a PIN kódot – I forgot my PIN.

Elvesztettem a hitelkártyámat. – I lost my credit card.

Milyen váltási árfolyam van? – What's the exchange rate?

Mennyi a díja? – What's the commission?

váltási árfolyam – exchange rate

díj – commission

– Szereti sportot?

– Igen, imádom.

– Mi a kedvence?

– Szeretem a focit. És ön?

– Én kosárlabda rajongó vagyok.

Key phrases:

Szereti a sportot? – Do you like sport?

Igen, imádom. – Yes, I love it.

Szeretem a focit. És ön? – I love football and you?

Én kosárlabda rajongó vagyok. – I'm a fan of basketball.

Nem igazán. – Not really.

Sportol? – Do you play sport?

Mit sportol? – What sport do you play?

Focizok. – I play football.

Mi a kedvenc csapata? – What is your favourite team?

kedvenc – favourite

csapat – team

Ez egy nagyszerű meccs volt. – That was a great match.

meccs – match

nagyszerű - great

rossz – bad

unalmas – boring

érdekes – interesting

Micsoda gól! – What a goal!

Micsoda teljesítmény! – What a performance!

Akar játszani? – Do you want to play?

Csatlakozhatok? – Can I join in?

Igen, nagyszerű lenne. – Yes, that would be great.

Hol van a legközelebbi edzőterem? – Where is the nearest gym?

edzőterem – gym

úszoda – swimming pool

teniszpálya – tennis court

foci – football

kosárlabda – basket

úszás – swimming

tenisz – tennis

korcsolyázás – skating

kézilabda – handball

röplabda – volleyball

autóverseny – car racing

futás – run

Mennyibe kerül egy játék? – How much is a game?

Bérelhetek egy korcsolyát? – Can I hire skates?

játék – game

korcsolya – skate

Hol van az öltöző? – Where's the changing room?

1. Write the name of the following sport in Hungarian.

2. Translate the dialogue beginning of the chapter.

– Szereti sportot?

– Igen, imádom.

– Mi a kedvence?

– Szeretem a focit. És ön?

– Én kosárlabda rajongó vagyok.

____

____

____

____

____

3. Match the words.

játék	skating
úszoda	great
kedvenc	game
érdekes	swimming pool
csapat	run
futás	team
korcsolyázás	favourite
nagyszerű	interesting

4. Translate to Hungarian.

Can I join in? _______________________________________

What is your favourite team? ___________________________

Do you play sport? ____________________________________

Can I hire skates? ____________________________________

Where's the chaning room? _____________________________

5. Listen to the dialuge and answer the questions.

What is the favourite team of the girl? ___________________

What sport does the boy play? _________________________

Where does the girl want to go? ________________________

What sport does the girl like? __________________________

6. Choose the correct answer.

bad

a, érdekes   b, rossz   c, nagyszerű

What a performance!

a, Micsoda teljesítmény!   b, Micsoda játék!   c, Micsoda meccs!

handball

a, kosárlabda   c, foci   c, kézilabda

edzőterem

a, swimming pool   b, gym   c, tennis court

Nem igazán.

a, Not really.   b, I play football.   c, What a goal!

GLOSSARY

Szereti a sportot? – Do you like sport?

Igen, imádom. – Yes, I love it.

Szeretem a focit. És ön? – I love football and you?

Én kosárlabda rajongó vagyok. – I'm a fan of basketball.

Nem igazán. – Not really.

Sportol? – Do you play sport?

Mit sportol? – What sport do you play?

Focizok. – I play football.

Mi a kedvenc csapata? – What is your favourite team?

kedvenc – favourite

csapat – team

Ez egy nagyszerű meccs volt. – That was a great match.

meccs – match

nagyszerű - great

rossz – bad

unalmas – boring

érdekes – interesting

Micsoda gól! – What a goal!

Micsoda teljesítmény! – What a performance!

Akar játszani? – Do you want to play?

Csatlakozhatok? – Can I join in?

Igen, nagyszerű lenne. – Yes, that would be great.

Hol van a legközelebbi edzőterem? – Where is the nearest gym?

edzőterem – gym

úszoda – swimming pool

teniszpálya – tennis court

foci – football

kosárlabda – basket

úszás – swimming

tenisz – tennis

korcsolyázás – skating

kézilabda – handball

röplabda – volleyball

autóverseny – car racing

futás – run

Mennyibe kerül egy játék? – How much is a game?

Bérelhetek egy korcsolyát? – Can I hire skates?

játék – game

korcsolya – skate

Hol van az öltöző? – Where's the changing room?

Useful information about the Hungarian public transportation

By bus: Hungary has a very well-developed domestic bus network, which is accessible to all points of the country. There are three important bus stations in Budapest: Erzsébet Square Bus Terminal - Western Hungary direction, People's Stadium Bus Terminal - Eastern Hungary Direction, Árpád Bridge Bus Terminal - Danube Bend direction.

By train: The hub of the railway network is Budapest. From the three major railway stations [(south east and west. Intercity and express trains depart from the capital to every major city in Hungary, providing a relatively quick and convenient way to travel.

Budapest has an advanced transport network. With more than 180 bus routes, 14 trolley buses, 29 tram lines, 3 metro lines, it serves the public with historically significant and interesting services such as the Buda Castle funicular, the cog railway or the cable car.

Budapest's public transport network consists of bus, trolley bus, tram, metro and local railway (HÉV) lines. Buses, trams and trolley buses run from 4.30 to 23.00. The three metro lines meet at Deák Square. Depending on the time of day, the trains follow each other at 2-15 minute intervals, from 4.30 to 23.10 h. Local railways (HÉV) take passengers to Csepel Island, Ráckeve, the southern part of the city, as well as to Szentendre and Gödöllő.

Tickets can be purchased at subway stations, vending machines, or newsstands. The ticket is valid for buses, trolleys, subways, trams, cogwheels throughout the line, and HÉV within the administrative boundaries of Budapest. There are transfer tickets, section tickets, daily tickets, 3-day tourist tickets, 10 and 20 tickets. It is worth choosing the most economical of these.

The ticket must be validated by the ticket machine before you start your journey. Inspectors with wristbands with a photo ID on the vehicles or at the metro exits can request a ticket for inspection.

The Local Railways (HÉV) take passengers to Csepel Island, to the south of the city, and to nearby Szentendre, Gödöllő and Ráckeve. The entire public transport network can be viewed on the map signs at the entrance of the metro stations.

If you want to get some special experience, choose the amphibious vehicle, the waterbus, which is a mix of traditional autobus and ship. You can see the sights of Budapest from a comfortable seat, first along its busy streets, and then, you splash into the lapping water of the river Danube.

Try speaking

Mikor indul a busz? – What time does the bus leave?

Mikor érkezik a vonat? – What time does the train arrive?

busz – bus

metró – metro

vonat – train

villamos – tram

trolibusz – trolley bus

repülő – plane

Hol van a leközelebbi buszmegálló? – Where is the nearest bus stop?

buszmegálló – bus stop

vasútállomás – train station

repülőtér – airport

Hol tudok jegyet venni? – Where can I buy ticket?

Ez az ülés szabad? – Is this seat free?

Szeretnék leszállni. – I want to get off.

Két jegyet kérek. – Two tickets please.

elsőosztály – 1st class

másodosztály – 2nd class

egyirányú - one-way

retúrjegy – return ticket

Milyen hosszú az út? – How long does the trip take?

Ez közvetlen járat? – Is it a direct route?

Melyik busz megy Budapest? – Which bus goes to Budapest ?

Mennyi megálló van? – How many stops are there?

A busz/villamos száma …..- The number of the bus/tram is….

Mi a következő megálló/vasútállomás? – What's the next stop/train station?

indulás – departure

érkezés – arrival

célállomás - destination

1.   Write the answer below the photos.

2.   Choose the correct answer.

Milyen hosszú az út?

a, How many stops are there?   b, How long does the trip take?

Szeretnék leszállni.

a, Two tickets please.   b, I want to get off.

Hol tudok jegyet venni?

a, Is it a direct route?   b, Where can I buy ticket?

Ez az ülés szabad?

a, Is this seat free?   b, What's the next stop?

3. Look at the timetable and answer the questions.

Busz száma	Indulás	Érkezés	Célállomás
5	12:30	13:10	Budai Vár
14	9:15	10:05	Parlament
7	10:40	11:35	Repülőtér
3	16:20	16:55	Vasútállomás

When does the bus number 3 leave?

____

What is the destination of the bus number 7?

____

When does the bus number 14 arrive?

____

Which bus arrives at 13:10?

____

What is the destination of the bus number 7?

____

Which bus leaves at 12:30?

____

4. Translate to English.

A busz/villamos száma...   _______________________________

retúrjegy   _______________________________

repülőtér   _______________________________

elsőosztály   _______________________________

egyirányú   _______________________________

Két jegyet kérek.   _______________________________

5. Match the words.

villamos	tram
busz	return ticket
trolibusz	metro
repülő	bus
metró	trolley bus
retúrjegy	plane

6. Translate to Hungarian.

How long does the trip take?   _______________________________

How many stops are there?   _______________________________

Where is the nearest bus stop?   _______________________________

What time does the train leave?   _______________________________

What time does the tram arrive?   _______________________________

7. Translate the dialogue.

– Jó napot! Mikor indul az 5-ös számú busz?

– Jó napot! 10 órakor indul.

– Hol tudok jegyet venni?

– A vasútállomáson.

– Mennyi megálló van?

– 7 megálló van.

– Mi a következő megálló?

– A repülőtér.

____

____

GLOSSARY

Mikor indul a ....? – What time does the ..... leave?

Mikor érkezik a ....? – What time does the ...... arrive?

busz – bus

metró – metro

vonat – train

villamos – tram

trolibusz – trolley bus

repülő – plane

Hol van a leközelebbi buszmegálló? – Where is the nearest bus stop?

buszmegálló – bus stop

vasútállomás – train station

repülőtér – airport

Hol tudok jegyet venni? – Where can I buy ticket?

Ez az ülés szabad? – Is this seat free?

Szeretnék leszállni. – I want to get off.

Két jegyet kérek. – Two tickets please.

elsőosztály – 1st class

másodosztály – 2nd class

egyirányú - one-way

retúrjegy – return ticket

Milyen hosszú az út? – How long does the trip take?

Ez közvetlen járat? – Is it a direct route?

Melyik busz megy...? – Which bus goes to ... ?

Mennyi megálló van? – How many stops are there?

A busz/villamos száma .....- The number of the bus/tram is....

Mi a következő megálló/vasútállomás? – What's the next stop/train station?

indulás – departure

érkezés – arrival

célállomás - destination

ENGLISH – HUNGARIAN

.... éves vagyok. – I'm ..... years old.

..... éves. – He/She/It's ..... years old.

...valósi vagyok... - I am from...

22 éves vagyok. – I'm 22 years old.

3 ajtós – three-door

5 ajtós – five-door

A busz/villamos száma... - The number of the bus/tram is...

A feleségem 31 éves. – My wife is 31.

A férjem 35 éves. – My husband is 35.

A fiam 11 éves. – My son is 11.

A lányom 8 éves. – My daughter is 8.

A standard szoba 15000 forintba, míg a lakosztály 30000 forintba kerül éjszakánként. – Standard room is 15000 forint per night, while the suite is 30000 forint per night.

A telefonszámom... - My phone number is...

adó – tax

Akar biztosítást? – Do you want an insurance?

Akar játszani? – Do you want to play?

alkar - forearm

állat (animal)

allergia – allergy

Allergiás vagyok a kagylóra. – I am allergic to the shellfish.

Allergiás vagyok a... - I am allergic to...

Allerigás vagyok a mogyoróra. – I am allergic to the peanut.

alma - apple

ananász – pineapple

Anglia - England

Április - April

ár – price

ár – price/rate

Asztalt kérek két főre. – Table for two, please.

asztma – asthma

Augusztus - August

Ausztria – Austria

autó – car

autóbaleset - car accident

autóbérlés – car renting

autóbérlő – car rental

automata – automatic

autóverseny – car racing

autumn - ősz

Az automata elvette a kártyámat. – The ATM took my card.

bajnok (champion)

Baleset volt. - There was an accident.

banán – banana

Bankkártyát elfogadnak? – Do you accept cards?

Bankkártyát elfogadunk. – We accept cards.

Bankkártyával szeretnék fizetni. – I would like to pay by card.

barack – peach

Bármelyik megfelel. – Either is fine.

Bécs – Vienna

bejárat – entrance

Bejelentkezés délután 2-től. – Check in is from 2 p.m.

bejelentkezik/bejelentkezés – check in

bélyeg – stamp

benzin – petrol

benzinkút – gas station

bérel – rent

Bérelhetek egy korcsolyát? – Can I hire skates?

Berlin - Berlin

bevásárló kosár – shopping basket

bevásárlókocsi – shopping cart

biztosítás – insurance

blokk – receipt

boat trip – hajóút

bor – wine

boríték - envelope

Budapest - Budapest

burgonya – potato

busz - bus

buszmegálló – bus stop

card – bankkártya

charger – töltő

cica (cat)

cím – address

citrom – lemon

comb - thigh

cukor – sugar

Cukorbeteg vagyok. – I am diabetic.

Csak egy szoba? – Only one room?

Csak egy szobára lesz szükségem. – I will need only one room.

Két szobára lesz szükségem. – I will need two rooms.

csapat – team

csatlakozási lehetőség – connection possibility

Csatlakozhatok? – Can I join in?

Csehország - Czech Republic

csirke – chicken

csónak (boat)

csoport – group

Csütörtök - Thursday

darab - piece

December – December

dél – noon

délután – afternoon

desszert – dessert

díj – commission

dió – walnut

dzseki (jacket)

edzőterem – gym

egy - one

Egy felnőtt és két gyermek. - One adult and two children.

Egy foglalásom van… névre. - I have a reservation for name…

Egy hétre szeretnék bérelni autót. – I would like to rent a car for a week.

Egy lakosztály. – One suite.

Egy nem-dohányzó szobát kérek. - A non – smoking room, please.

Egy pohár vizet kérek. – A glass of water, please.

Egy szobát szeretnék foglalni. – I would like to reserve a room.

Egy vagy kétágyas szobát szeretne? – Would you like a one bedroom or a double bedroom?

egyágyas szoba – one bed room

Egyedül leszek. - I will be alone.

egyirányú – one-way

éjfél – midnight

éjszaka – night

eladó – salesperson/clerk

élelmiszerbolt – grocery

Elfelejtettem a PIN kódot – I forgot my PIN.

elküld – send

Ellenőrizné az olajszintet? – Can you control the oil level?

elnök - president

elsőbbségi – express

Elsőbbségivel vagy simán? – By express or regular mail?

elsőosztály – 1s class

eltört kar – broken arm

eltört láb – broken leg

eltört ujj – broken finger

Eltud vinni az orvoshoz? - Can you take me to the doctor?

Elvesztettem a hitelkártyámat. – I lost my credit card.

elveszti eszméletét – lose consciousness

Ez az ülés szabad – Is this seat free?

Ez közvetlen járat? – Is it a direct route?

Én is! – Me too!

Én is, köszönöm. – Me too, thank you.

Én jöttem… - I am coming from…

Én kosárlabda rajongó vagyok. – I'm a fan of basketball.

ének - song

Engem hívnak… - My name is… Én vagyok… - I am…

eper – strawberry

érdekes – interesting

És ön? – And you?

Esik. – It's rainy.

eső - rain

esős - rainy

este – evening

étel - food

étterem – restaurant

év – year

évek – years

excursion – kirándulás

Ez a szoba nem tiszta. – This room is not clean.

Ez egy nagyszerű meccs volt. – That was a great match.

Ez gluténmentes? – Is this gluten free?

Ez minden. – That's all.

Ez nem működik. – This one doesn't work.

Ez túl zajos. – It's too noisy.

ezer - thousand

fagyasztott étel – frozen food

fagylalt – ice cream

Február - February

fej – head

fejfájás – headache

feladó – sender

feleség – wife

feleségem – my wife

felhő - cloud

felhős - cloudy

felkar – upper arm

felnőtt – adult

feltöltés – recharge

férj – husband

férjem – my husband

fia – son

fiam – my son

Finnország - Finland

Fizethet bankkártyával vagy készpénzzel – You can pay by card/in cash.

Fizethetek bankkártyával? – Can I pay by card?

foci – football

Focizok. – I play football.

fog – tooth

fogfájás – toothache

foglalás – reservation

forró – hot

főnök - boss

főváros – capital city

franciaágy – dubble bed

Franciaország - France

futás – run

fül – ear

galamb - pigeon

gázolaj – diesel

glutén – gluten

gomba – mushroom

gyár - factory

gyerek – child

gyerekek – children

gyerekülés – child seat

gyümölcs – fruit

hagyma – onion

haj – hair

hajszárító – hair dryer

hal – fish

Hány gyermek lesz? – How many children will be?

Hány személynek? – For how many persons?

Hány szobára lesz szüksége? - How many rooms will you need?

Hány szobát szeretne foglalni? - How many rooms would you like to reserve?

harminc - thirty

három - three

háromágyas szoba – triple bed room

háromszáz – three hundred

has - belly

hát - back

hat - six

hatszáz – six hundred

hatvan - sixty

havas - snowy

Helszinki - Helsinki

helyi – local

helyi telefonszámok – local phone numbers

hentes – butcher

hét - seven

Hétfő - Monday

hétköznap – weekday

hétszáz – seven hundred

hétvége – weekend

hetven - seventy

hideg – cold

hó - snow

Hogy hívják? – What is your name?

Hogy van? – How are you?

Hogyan segíthetek? – How can I help you?

Hol tudok jegyet venni? – Where can I buy ticket?

Hol tudok készpénzt levenni? – Where can I withdraw cash?

Hol tudok pénzt váltani? – Where can I change

money?

Hol van a legközelebbi automata? – Where is the nearest ATM?

Hol van a legközelebbi bank? – Where is the nearest bank?

Hol van a legközelebbi buszmegálló?- Where is the nearest bus stop?

Hol van a legközelebbi edzőterem? – Where is the nearest gym?

Hol van a legközelebbi kórház? - Where is the nearest hospital?

Hol van a legközelebbi pénzváltó? – Where is the nearest foreign exchange?

Hol van a legközelebbi posta? – Where is the nearest post office?

Hol van a legközelebbi posta? – Where is the nearest post office?

Hol van az öltöző? – Where's the changing room?

Hol van….? – Where is…?

Hol vannak….? – Where are…?

homok (sand)

Horvátország - Croatia

Hova szeretné küldeni? – Where woud you like to send it?

Hova valósi? – Where are you from?

Hozhatok valamit inni? – Can I bring something to drink?

hús – meat

húsz - twenty

időjárás – weather

időjárás előrejelzés – weather forecast

Igen, imádom. – Yes, I love it.

Igen, kérem. – Yes, please.

Igen, nagyszerű lenne. – Yes, that would be great.

Igen, van. – Yes, we have.

íj - bow

inekció – injection

influenza – flu

információ – information

ingyenes belépés – free entry

internet hozzáférés – internet access

irányítószám – postcode

Írja rá az irányítószámot. – Please write the postcode.

ismertető - guidebook

ital – drink

Itt a tank. – Here's the tank.

Január - January

játék – game

játék - toy

jeges tea – iced tea

jegy – ticket

Jó éjszakát! – Good night!

Jó estét! – Good evening!

Jó napot! – Good afternoon!

Jó reggelt! – Good morning!

joghurt – yogurt

Jól vagyok. – I am fine.

Július - July

Június - June

kabát - coat

kagyló – shellfish

Kaphatok egy étlapot? – Can I get a menu?

Kaphatok egy hajszárítót? - Can I get a hair dryer?

Kaphatok egy másik szobát? - Can I get another room? Ez a szoba túl kicsi. – This room is too small.

Kaphatok egy szatyrot? – Can I get a shopping bag?

Kaphatok egy vasalót? – Can I get an iron?

Kaphatok információt a kulturális látnivalókról? – Can I get information on cultural sights?

Kaphatok internet hozzáférést? – Can I get internet access?

Kaphatok törülközőket? – Can I get towels?

káposzta – cabbage

karok - arms

Kártyával vagy készpénzzel szeretne fizetni? – Would you like to pay by car or in cash?

kassza – cash register

kávé – coffee

Kedd - Tuesday

kedvenc – favourite

kenyér – bread

képeslap – postcard

Kérhetek egy SIM kártyát? – Can I ask a SIM card?

készpénz – cash

készpénzt levesz – withdraw cash

Készpénzzel szeretnék fizetni. – I would like to

pay in cash.

Két felnőtt és két gyermek. – Two adults and two children.

Két felnőtt. - Two adults.

Két jegyet kérek. – Two tickets please.

kétágyas szoba – two bed room

kétszáz – two hundred

kettő - two

kéz - hand

kézilabda – handball

kijárat – exit

Kijelentkezés délelőtt 10-től. – Check out is from 10 a.m.

kijelentkezik/kijelentkezés – check out

kilenc - nine

kilencven - ninety

kilencszáz – nine hundred

kisteherautó – van

kiütés – rash

kóla - coke

korcsolya – skate

korcsolyázás – skating

kosárlabda – basket

köd - fog

ködös - foggy

köhögés – cough

könyök - elbow

körte – pear

Köszönöm, hogy kérdezte! – Thank you for asking.

következő – next

kulturális – cultural

kulturális – cultural

lábak – feet

labda – ball

lábszár - leg

Laktózérzékeny vagyok. – I am lactose intolerant.

lánya – daughter

lányom – my daughter

Láthatnám a vezetői engedélyét? – Can I see your driving licence?

Láthatom az étlapot? – Can I see a menu?

láz – fever

légzési nehézségek – breathing troubles

Lengyelország - Poland

levél – letter

limuzin – limousine

Ljubljana - Ljubljana

London - London

lyuk (hole)

madár (bird)

Madrid - Madrid

Magyarország - Hungary

Május – May

másodosztály – 2nd class

manuális – manual

Március - March

marha – beef

meccs – match

megfázás – cold

meleg – warm

mellkas - chest

mennydörgés – thunder

Melyik busz megy…? – Which bus goes to…?

Mennyi a díja? – What's the commission?

Mennyi ideig marad? – How long will you stay with us?

Mennyi ideig van az autóra szüksége? – How long will you need the car?

Mennyibe kerül a szoba? – How much for the room?

Mennyibe kerül egy játék? – How much is a game?

Mennyi megálló van? – How many stops are there?

metró - metro

Mi a kedvenc csapata? – What is your favourite team?

Mi az? – What's that?

Micsoda gól! – What a goal!

Micsoda teljesítmény! – What a performance!

Mikor érkezik a…? – What time does the…. arrive?

Mikor indul a… ? – What time does the… leave?

Mikor nyit a bank? – What time does the bank open?

Mikor van a bejelentkezés/kijelentkezés? – When is check in/out?

Mikor van a következő kirándulás? – When is

the next excursion?

Milyen árú szobák vannak? – What are the rates of rooms?

Milyen autót szeretne? – What type of car would you like?

Milyen dátumra szeretne foglalni? – Which dates would you like to reserve?

Milyen hosszú az út? – How long does the trip take?

Milyen idő van? – What's the weather like?

Milyen névre van foglalás? – What name is the reservation under?

Milyen tarifák vannak? – What are the rates?

Milyen üzemanyagra van szüksége? – What type of fuel do you need?

Milyen váltási árfolyam van? – What's the exchange rate?

Mi a következő megálló/vasútállomás? –What's the next stop/train station?

Mit sportol? – What sport do you play?

Mit történt? – What happened?

mogyoró – peanut

mosdó – toilet

múzeum – museum

müzli – cereal

nagyszerű - great

nap – day

nap - sun

napégés – sunburn

napok – days

napos - sunny

napszak – time of the day

narancs – orange

narancslé – orange juice

Ne fényképezzen! – Do not take photos!

ne használjon vakut – do not use flash

ne nyúljon hozzá – do not touch

négy - four

Négy napot fogok maradni. – I will stay for four days.

négyágyas szoba – four bed room

négyszáz – four hundred

negyven - fourty

nem dohányzó – no smoking

nem dohányzó – no smoking

Nem dohányzó vagy dohányó szobát szeretne?

– Would you like a non – smoking room or smoking room?

Nem igazán. – Not really.

Nem, köszönöm. – No, thank you.

Nem, nincsen. – No, we don't have.

Németország - Germany

nemzetközi telefonszámok – international phone numbers

név – name

Norvégia - Norway

November - November

nulla – zero

number – szám

numbers – számok

nyak - neck

nyár – summer

nyitva – open

nyolc - eight

nyolcvan - eighty

nyolcszáz – eight hundred

nyugdíjas – pensioner

Október - October

olajszint – oil level

Olaszország - Italy

oldal - page

óra – clock/hour

óra - clock

órák – clocks/hours

orr – nose

ország – country

Oslo - Oslo

őröl - mill

Örülök, hogy találkoztunk! – Pleased to meet you!

Örülök. – I'm happy.

Összesen négy felnőtt. - A total of four adults.

öt - five

ötszáz – five hundred

ötven - fifty

paprika – pepper

paradicsom – tomato

Párizs - Paris

pékség – bakery

Péntek - Friday

pénzt vált – change money

pénztáros – cashier
pénzváltó – currency exchange
perc – minute
percek – minutes
posta – post office
Prága - Prague
rágógumi - chewing gum
rates - tarifák
reggel – morning
reggeli – breakfast
Rendben. – Ok.
Rendben. Melyik napokra? – Right. For which days?
répa – carrot
repülő – plane
repülőtér – airport
retúrjegy – return ticket
Róma - Rome
rossz – bad
röplabda – volleyball
Sajnos nincs több elérhető autónk. – Unfortunately, we don't have any cars available.
sajt – cheese
saláta – salad
sárgadinnye – melon
sátor - tent
seb – wound
sertés – pork
sérült személy – injured person
sights - látnivalók
SIM kártya – SIM card
sima – regular
só – salt
sore throat – torokfájás
sorszámnevek – ordinal numbers
sör – beer
Spanyolország - Spain
Sportol? – Do you play sport?
spring – tavasz
Stokholm - Stockholm
Svédország - Sweden
száj – mouth
szálloda – hotel
szatyor – shopping bag
száz - hundred

szél - wind
szeles - windy
szem – eye
Szeptember - September
Szerda - Wednesday
Szeretem a focit. És ön? – I love football and you?
Szereti a sportot? – Do you like sport?
Szeretne bankkártyával vagy készpénzzel fizetni? – Do you want to pay by card or in cash?
Szeretne egy asztalt? – Do you want a table?
Szeretne egy szatyrot? – Would you like a shopping bag?
Szeretné látni az étlapot? – Do you want to see the menu?
Szeretne rendelni? – Do you want to order?
Szeretne valami mást? – Would you like something else?
Szeretnék autót bérelni. – I would like to rent a car.
Szeretnék December 28-tól Január 1-ig foglalni. – I would like to reserve from 28.12. till 1.1.
Három napra szeretnék foglalni. – I would like to reserve for three days.
Szeretnék egy ismertetőt. – I would like a guidebook.
Szeretnék egy képeslapot elküldeni. – I would like to send a postcard.
Szeretnék egy térképet. – I would like a map.
Szeretnék egy töltőt. – I would like a charger.
Szeretnék rendelni. – I would like to order.
Szeretnék leszállni. – I want to get off.
Szeretném látni… - I would like to see…
Szeretném megtankolni. – I would like to pump the fuel.
Szia! – Hello!
színház – theatre
Szlovénia - Slovenia
szoba – room
Szobáink 15000 forinttól 30000 forintig kerülnek éjszakánként. – Our rooms are from 15000 forint to 30000 forint per night.
szobaszervíz – room service
szóda – soda
Szombat - Saturday
szótár (dictionary)

szőlő – grapes

szupermarket – supermarket

Szükségem van még néhány percre. – I need a few more minutes.

tanuló – student

tea - tea

tej – milk

tejtermékek – dairy products

tél – winter

tenisz – tennis

teniszpálya – tennis court

terepjáró – SUV

térkép - map

tilos – prohibited

tíz - ten

tizenegy - eleven

tizenhárom - thirteen

tizenhat - sixteen

tizenhét - seventeen

tizenkettő - twelve

tizenkilenc - nineteen

tizennégy - fourteen

tizenöt - fifteen

tizennyolc - eighteen

tó – lake

tojás – eggs

torta – cake

törülköző – towel

törülközők – towels

törzs - body

tőszámnevek – cardinal numbers

trolibusz – trolley bus

Tud ajánlani egy hajóutat? – Can you recommend a boat trip?

Tud csinálni egy fotót rólam? – Can you take a photo of me?

tyúk (hen)

uborka – cucumber

ujj - finger

unalmas – boring

úszás – swimming

úszoda – swimming pool

út - road

utazási iroda – travel agency

ügyfélszolgálat – customer service

űr (space)

üveg (bottle)

üzemanyag – fuel

vakcina – vaccine

Valami mást? – Something else?

Valami nincs rendben a wc-vel. – There is something wrong with the toilet.

vallási – religious

váltási árfolyam – exchange rate

Van foglalása? – Do you have a reservation?

Van lehetőség reggelizni? – Is there the possibility to have breakfast?

Van még elérhető autójuk? – Do you have any cars available?

Van szabad szoba? – Is there any available room?

Van Wi-fi csatlakozási lehetőség? – Is there Wi-fi connection possibility?

város - city

városi autó – city car

Varsó - Warsaw

vasaló – iron

vásárlás – shopping

Vasárnap – Sunday

vasútállomás – train station

Vegán vagyok. – I am vegan.

Vegetáriánus vagyok. – I am vegetarian.

végtagok - extremities

vendég – guest

vérzik – bleed

vevő – customer

vezetői engedély – driving licence

vihar – storm

villamos - tram

Viszontlátásra! - Goodbye!

víz – water

vonat - train

vörös/fehér bor – red/white wine

xilofon xylophone

Zágráb - Zagreb

zárva – closed

zebra (zebra)

zöldség – vegetable

zsák (bag)

ENGLISH - HUNGARIAN

1nd class – elsőosztály

2nd class - másodosztály

A glass of water, please. - Egy pohár vizet kérek.

A non – smoking room, please. - Egy nem-dohányzó szobát kérek.

A total of four adults. - Összesen négy felnőtt.

address - cím

adult - felnőtt

afternoon - délután

allergy - allergia

And you? - És ön?

animal - állat

apple – alma

April- Április

arms - karok

airport - repülőtér

asthma - asztma

August - Augusztus

Austria - Ausztria

automatic - automata

autumn - ősz

back- hát

bad - rossz

bag - zsák

bakery - pékség

ball - labda

banana - banán

basket - kosárlabda

beef - marha

beer - sör

belly - has

Berlin - Berlin

bird - madár

bleed - vérzik

boat - csónak

boat trip - hajóút

body - törzs

boring - unalmas

boss - főnök

bottle - üveg

bow - íj

bread- kenyér

breakfast - reggeli

broken arm - eltört kar

broken finger - eltört ujj

broken leg - eltört láb

breathing troubles – légzési nehézségek

Budapest – Budapest

bus – busz

bus stop - buszmegálló

butcher- hentes

By express or regular mail? - Elsőbbségivel vagy simán?

cabbage- káposzta

cake - torta

Can I ask a SIM card? - Kérhetek egy SIM kártyát?

Can I bring something to drink?- Hozhatok valamit inni?

Can I get a hair dryer? - Kaphatok egy hajszárítót?

Can I get a menu? - Kaphatok egy étlapot?

Can I get a shopping bag? - Kaphatok egy szatyrot?

Can I get an iron? - Kaphatok egy vasalót?

Can I get another room? - Kaphatok egy másik szobát?

Can I get information on cultural sights? - Kaphatok információt a kulturális látnivalókról?

Can I get internet access? - Kaphatok internet hozzáférést?

Can I get towels? - Kaphatok törülközőket?

Can I hire skates? - Bérelhetek egy korcsolyát?

Can I join in? - Csatlakozhatok?

Can I pay by card? - Fizethetek bankkártyával?

Can I see a menu? - Láthatom az étlapot?

Can I see your driving licence? - Láthatnám a vezetői engedélyét?

Can you control the oil level? - Ellenőrizné az olajszintet?

Can you recommend a boat trip? - Tud ajánlani egy hajóutat?

Can you take a photo of me? - Tud csinálni egy fotót rólam?

Can you take me to the doctor? - Eltud vinni az orvoshoz?

capital city - főváros

car - autó

car accident - autóbaleset

car racing - autóverseny

car rental - autóbérlő

car renting - autóbérlés

card - bankkártya

cardinal numbers - tőszámnevek

carrot - répa

cash- készpénz

cash register - kassza

cashier - pénztáros

cat – cica

cereal - műzli

champion - bajnok

charger - töltő

change money - pénzt vált

check in - bejelentkezik/bejelentkezés

Check in is from 2 p.m. - Bejelentkezés délután 2-től.

check out - kijelentkezik/kijelentkezés

Check out is from 10 a.m. - Kijelentkezés délelőtt 10-től.

cheese - sajt

chest - mellkas

chewing gum - rágógumi

chicken - csirke

child - gyerek

child seat- gyerekülés

children - gyerekek

city - város

city car – városi autó

clock/hour - óra

clocks/hours - órák

closed - zárva

cloud- felhő

cloudy- felhős

coat - kabát

coffee - kávé

coke - kóla

cold - hideg

cold - megfázás

commission - desszert

connection possibility - csatlakozási lehetőség

cough - köhögés

country - ország

Croatia - Horvátország

cucumber - uborka

cultural - kulturális

currency exchange - pénzváltó

customer - vevő

customer service - ügyfélszolgálat

Czech Republic - Csehország

dairy products - tejtermékek

daughter - lánya

day¬ - nap

days - napok

December – December

dessert - desszert

dictionary - szótár

diesel - gázolaj

Do not take photos! - Ne fényképezzen!

do not touch - ne nyúljon hozzá

do not use flash - ne használjon vakut

Do you accept cards? - Bankkártyát elfogadnak?

Do you have a reservation? - Van foglalása?

Do you have any cars available? - Van még elérhető autójuk?

Do you like sport? - Szereti a sportot?

Do you play sport? - Sportol?

Do you want a table? - Szeretne egy asztalt?

Do you want an insurance? - Akar biztosítást?

Do you want to order? - Szeretne rendelni?

Do you want to pay by card or in cash? - Szeretne bankkártyával vagy készpénzzel fizetni?

Do you want to play? - Akar játszani?

Do you want to see the menu? - Szeretné látni az étlapot?

drink - ital

driving licence - vezetői engedély

dubble bed - franciaágy
ear- fül
egg - tojás
eight - nyolc
eight hundred - nyolcszáz
eighteen - tizennyolc
eighty - nyolcvan
Either is fine. - Bármelyik megfelel.
elbow - könyök
eleven - tizenegy
England - Anglia
entrance - bejárat
envelope - boríték
evening - este
exchange rate - váltási árfolyam
excursion - kirándulás
exit- kijárat
express- elsőbbségi
extremities - végtagok
eye - szem
factory - gyár
favourite - kedvenc
February - Február
feet - lábak
fever - láz
fifteen - tizenöt
fifty - ötven
finger - ujj
Finland - Finnország
fish - hal
five - öt
five hundred - ötszáz
five-door - 5 ajtós
flu - influenza
fog - köd
foggy - ködös
food - étel
football - foci
For how many persons? - Hány személynek?
forearm - alkar
four bed room - négyágyas szoba
four hundred - négyszáz
four- négy
fourteen - tizennégy

fourty - negyven
France - Franciaország
free entry - ingyenes belépés
Friday - Péntek
frozen food- fagyasztott étel
fruit - gyümölcs
fuel - üzemanyag
game - játék
gas station - benzinkút
Germany - Németország
gluten – glutén
Good afternoon! - Jó napot!
Good evening! - Jó estét!
Good morning! - Jó reggelt!
Good night!- Jó éjszakát!
Goodbye! - Viszontlátásra!
grapes - szőlő
great - nagyszerű
grocery - élelmiszerbolt
group - csoport
guest - vendég
guidebook - ismertető
gym - edzőterem
hair dryer - hajszárító
hair- haj
hand - kéz
handball- kézilabda
He/She/It's ..... years old. - He/She/It's .....
years old.
head- fej
headache- fejfájás
Hello! - Szia!
Helsinki - Helszinki
hen - tyúk
Here's the tank.- Itt a tank.
hole - lyuk
hot- forró
hotel - szálloda
How are you?- Hogy van?
How can I help you? - Hogyan segíthetek?
How long does the trip take? – Milyen hosszú
az út?
How long will you need the car? – Mennyi ideig
van az autóra szüksége?
How long will you stay with us? – Mennyi ideig

marad?

How many children will be? – Hány gyermek lesz?

How many stops are there? – Hány megálló van?

How many rooms will you need? – Hány szobára lesz szüksége?

How many rooms would you like to reserve? - Hány szobát szeretne foglalni?

How much for the room? – Mennyibe kerül a szoba?

How much is a game?- Mennyibe kerül egy játék?

hundred - száz

Hungary - Magyarország

husband - férj

I am allergic to the peanut. - Allerigás vagyok a mogyoróra.

I am allergic to the shellfish. - Allergiás vagyok a kagylóra.

I am allergic to… - Allergiás vagyok a…

I am coming from… - Én jöttem…

I am diabetic. - Cukorbeteg vagyok.

I am fine.- Jól vagyok.

I am from… - I am from…

I am lactose intolerant. - Laktózérzékeny vagyok.

I am vegan. - Vegán vagyok.

I am vegetarian. - Vegetáriánus vagyok.

I am… - Én vagyok…

I forgot my PIN.- Elfelejtettem a PIN kódot

I have a reservation for name… - Egy foglalásom van… névre.

I lost my credit card. - Elvesztettem a hitelkártyámat.

I love football and you? - Szeretem a focit. És ön?

I need a few more minutes. - Szükségem van még néhány percre.

I play football. - Focizok.

I want to get off. – Leszeretnék szállni.

I will be alone. - Egyedül leszek.

I will need only one room. - Csak egy szobára lesz szükségem.

I will need two rooms. - Két szobára lesz szükségem.

I will stay for four days. - Négy napot fogok maradni.

I would like a charger. - Szeretnék egy töltőt.

I would like a guidebook. - Szeretnék egy ismertetőt.

I would like a map. - Szeretnék egy térképet.

I would like to order. - Szeretnék rendelni.

I would like to pay by card. - Bankkártyával szeretnék fizetni.

I would like to pay in cash. - Készpénzzel szeretnék fizetni.

I would like to pump the fuel. - Szeretném megtankolni.

I would like to rent a car for a week. - Egy hétre szeretnék bérelni autót.

I would like to rent a car. - Szeretnék autót bérelni.

I would like to reserve a room. - Egy szobát szeretnék foglalni.

I would like to reserve for three days. - Három napra szeretnék foglalni.

I would like to reserve from 28.12. till 1.1. - Szeretnék December 28-tól Január 1-ig foglalni.

I would like to see… - Szeretném látni…

I would like to send a postcard. - Szeretnék egy képeslapot elküldeni.

I'm ….. years old. - …. éves vagyok.

I'm 22 years old - 22 éves vagyok.

I'm a fan of basketball. - Én kosárlabda rajongó vagyok.

I'm happy. - Örülök.

ice cream - fagylalt

iced tea - jeges tea

information - információ

injection - inekció

injured person - sérült személy

insurance - biztosítás

interesting - érdekes

international phone numbers - nemzetközi telefonszámok

internet access- internet hozzáférés

iron - vasaló

Is it a direct route? – Ez közvetlen járat?

Is there any available room? - Van szabad szoba?

Is there the possibility to have breakfast? - Van lehetőség reggelizni?

Is there Wi-fi connection possibility? - Van Wi-fi csatlakozási lehetőség?

Is this gluten free? - Ez gluténmentes?

Is this seat free? – Ez az ülés szabad?

It's rainy. - Esik.

It's too noisy.- Ez túl zajos.

Italy - Olaszország

jacket - dzseki

January- Január

July - Július

June- Június

lake - tó

leg - lábszár

lemon - citrom

letter - levél

limousine - limuzin

Ljubljana - Ljubljana

local- helyi

local phone numbers - helyi telefonszámok

London - London

lose consciousness - elveszti eszméletét

Madrid - Madrid

manual - manuális

map - térkép

March - Március

match - meccs

May - Május

Me too! - Én is!

Me too, thank you. - Én is, köszönöm.

meat- hús

melon - sárgadinnye

metro - metró

midnight - éjfél

milk - tej

mill - őröl

minute - perc

minutes - percek

Monday - Hétfő

morning - reggel

mouth - száj

museum - múzeum

mushroom - gomba

my daughter - lányom

My daughter is 8. - A lányom 8 éves.

my husband - férjem

My husband is 35. - A férjem 35 éves.

My name is… - Engem hívnak…

My phone number is… - A telefonszámom…

my son - fiam

My son is 11. - A fiam 11 éves.

my wife - feleségem

My wife is 31. - A feleségem 31 éves.

name - név

neck - nyak

next - következő

night - éjszaka

nine - kilenc

nine hundred - kilencszáz

nineteen - tizenkilenc

ninety - kilencven

no smoking - nem dohányzó

No, thank you. - Nem, köszönöm.

No, we don't have. - Nem, nincsen.

noon - dél

Norway - Norvégia

nose - orr

Not really. - Nem igazán.

November – November

number – szám

numbers - számok

October - Október

oil level - olajszint

Ok. - Rendben.

one - egy

One adult and two children. - Egy felnőtt és két gyermek.

one bed room - egyágyas szoba

One suite. - Egy lakosztály.

onion - hagyma

Only one room? - Csak egy szoba?

open - nyitva

orange - narancs

orange juice - narancslé

ordinal numbers - sorszámnevek

Oslo - Oslo

Our rooms are from 15000 forint to 30000 forint per night. - Szobáink 15000 forinttól 30000 forintig kerülnek éjszakánként.

page - oldal
Paris - Párizs
peach - barack
peanut - mogyoró
pear - körte
pensioner - nyugdíjas
pepper - paprika
petrol - benzin
piece - darab
pigeon - galamb
pineapple – ananász
plane - repülő
Please write the postcode. - Írja rá az irányítószámot.
Pleased to meet you! - Örülök, hogy találkoztunk!
Poland - Lengyelország
pork - sertés
post office - posta
postcard - képeslap
postcode - irányítószám
potato - burgonya
Prague - Prága
president - elnök
price - ár
price/rate - ár
prohibited - tilos
rain - eső
rainy - esős
rash - kiütés
rates - tarifák
receipt - blokk
recharge - feltöltés
red/white wine - vörös/fehér bor
regular - sima
religious - vallási
rent - bérel
reservation - foglalás
restaurant - étterem
return ticket - retúrjegy
Right. For which days? - Rendben. Melyik napokra?
road - út
Rome - Róma
room - szoba

room service - szobaszervíz
run- futás
salad - saláta
salesperson/clerk - eladó
salt - só
sand - homok
Saturday - Szombat
send - elküld
sender- feladó
September - Szeptember
seven- hét
seven hundred - hétszáz
seventeen - tizenhét
seventy- hetven
shellfish - kagyló
shopping - vásárlás
shopping bag - szatyor
shopping basket - bevásárló kosár
shopping cart - bevásárlókocsi
SIM card - SIM kártya
sights - látnivalók
six - hat
six hundred- hatszáz
sixteen - tizenhat
sixty - hatvan
skate - korcsolya
skating - korcsolyázás
Slovenia - Szlovénia
snow- hó
snowy - havas
soda - szóda
Something else? - Valami mást?
son - fia
song - ének
sore throat - torokfájás
space - űr
Spain - Spanyolország
spring - tavasz
stamp - bélyeg
Standard room is 15000 forint per night, while the suite is 30000 forint per night. - A standard szoba 15000 forintba, míg a lakosztály 30000 forintba kerül éjszakánként.
Stockholm - Stokholm
storm - vihar

strawberry- eper

student - tanuló

sugar - cukor

summer - nyár

sun - nap

sunburn - napégés

Sunday - Vasárnap

sunny - napos

supermarket – szupermarket

SUV - terepjáró

Sweden - Svédország

swimming - úszás

swimming pool - uszoda

Table for two, please. - Asztalt kérek két főre.

tax - adó

tea - tea

team - csapat

ten - tíz

tennis – tenisz

tennis court - teniszpálya

tent - sátor

Thank you for asking. - Köszönöm, hogy kérdezte!

That was a great match. - Ez egy nagyszerű meccs volt.

That's all. - Ez minden.

The ATM took my card. - Az automata elvette a kártyámat.

The number of the bus is three - A busz száma három.

The number of the train is three - A villamos száma három.

theatre - színház

There is something wrong with the toilet. - Valami nincs rendben a wc-vel.

There was an accident. - Baleset volt.

thigh - comb

thirteen - tizenhárom

thirty - harminc

This one doesn't work.- Ez nem működik.

This room is not clean. - Ez a szoba nem tiszta.

This room is too small. - Ez a szoba túl kicsi.

thousand - ezer

three - három

three hundred - háromszáz

three-door - 3 ajtós

thunder - mennydörgés

Thursday - Csütörtök

ticket- jegy

time of the day - napszak

toilet - mosdó

tomato   - paradicsom

tooth - fog

toothache - fogfájás

towel- törülköző

towels- törülközők

tram - villamos

train – vonat

train station - vasútállomás

travel agency - utazási iroda

triple bed room - háromágyas szoba

trolley bus - trolibusz

trousers - nadrág

Tuesday - Kedd

twelve - tizenkettő

twenty- húsz

Two adults and two children. - Két felnőtt és két gyermek.

Two adults. - Két felnőtt.

two bed room - kétágyas szoba

two hundred- kétszáz

two- kettő

Two ticket please. – Két jegyet kérek.

Unfortunately, we don't have any cars available. - Sajnos nincs több elérhető autónk.

upper arm - felkar

vaccine - vakcina

van- kisteherautó

vegetable – zöldség

Vienna - Bécs

volleyball - röplabda

walnut - dió

warm - meleg

Warsaw – Varsó

water - víz

We accept cards. - Bankkártyát elfogadunk.

weather forecast - időjárás előrejelzés

weather- időjárás

Wednesday - Szerda

weekday - hétköznap

weekend - hétvége

What a goal!- Micsoda gól!

What a performance! - Micsoda teljesítmény!

What are the rates of rooms? - Milyen árú szobák vannak?

What are the rates? - Milyen tarifák vannak?

What happened? - Mit történt?

What is your favourite team? - Mi a kedvenc csapata?

What is your name? - Hogy hívják?

What name is the reservation under? - Milyen névre van foglalás?

What sport do you play? - Mit sportol?

What time does the bank open? - Mikor nyit a bank?

What time does the... leave? – Mikor indul a ....?

What time does the .... arrive? – Mikor érkezik a ...?

What type of car would you like? - Milyen autót szeretne?

What type of fuel do you need? – Milyen üzemanyagra van szüksége?

What's that? - Mi az?

What's the commission? - Mennyi a díja?

What's the exchange rate? - Milyen váltási árfolyam van?

What's the next stop/train station? – Mi a következő megálló/vasútállomás?

What's the weather like? - Milyen idő van?

When is check in/out? - Mikor van a bejelentkezés/kijelentkezés?

When is the next excursion? - Mikor van a következő kirándulás?

Where are you from? - Hova valósi?

Where are...? - Hol vannak....?

Where can I buy ticket? – Hol tudok jegyet venni?

Where can I change money? - Hol tudok pénzt váltani?

Where can I withdraw cash?- Hol tudok készpénzt levenni?

Where is the nearest ATM? - Hol van a legközelebbi automata?

Where is the nearest bank?- Hol van a legközelebbi bank?

Where is the nearest bus stop? - Hol van a legközelebbi buszmegálló?

Where is the nearest foreign exchange? - Hol van a legközelebbi pénzváltó?

Where is the nearest gym? - Hol van a legközelebbi edzőterem?

Where is the nearest hospital? - Hol van a legközelebbi kórház?

Where is the nearest post office? - Hol van a legközelebbi posta?

Where is the nearest post office? - Hol van a legközelebbi posta?

Where is...? - Hol van....?

Where woud you like to send it? - Hova szeretné küldeni?

Where's the changing room? - Hol van az öltöző?

Which bus goes to ...? – Melyik busz megy ...?

Which dates would you like to reserve? - Milyen dátumra szeretne foglalni?

wife - feleség

wind - szél

windy - szeles

wine - bor

winter - tél

withdraw cash - készpénzt levesz

Would you like a non – smoking room or smoking room? - Nem dohányzó vagy dohányó szobát szeretne?

Would you like a one bedroom or a double bedroom? - Egy vagy kétágyas szobát szeretne?

Would you like a shopping bag? - Szeretne egy szatyrot?

Would you like something else? - Szeretne valami mást?

Would you like to pay by car or in cash? - Kártyával vagy készpénzzel szeretne fizetni?

wound - seb

xylophone - xilofon

year - év

years - évek

Yes, I love it. - Igen, imádom.

Yes, please. - Igen, kérem.

Yes, that would be great. - Igen, nagyszerű lenne.

Yes, we have. - Igen, van.

yogurt - joghurt

You can pay by card/in cash. - Fizethet bankkártyával vagy készpénzzel

Zagreb - Zágráb

zebra - zebra

zero – nulla

CHAPTER 1: ALPHABET

2. **Write the correct letters to the certain pronunciation!**

/ø/	ö
/ʃ/	s
/ʒ/	zs
/aː/	á
/tʃ/	cs

3. **Connect capital with the correct small letters!**

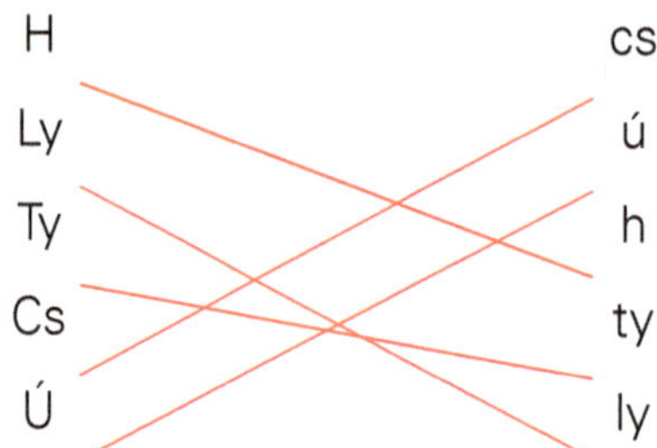

5. **Fill in the blanks!**

A Á B C CS D DZ DZS E É F G GY H I Í J K L LY M N NY O Ó Ö Ő P Q R S SZ T TY U Ú Ű Ű V W X Y Z ZS

CHAPTER 2: GREETINGS & INTRODUCTION

1. Choose the correct greeting.

c, a, b, c

2. Match the correct greeings.

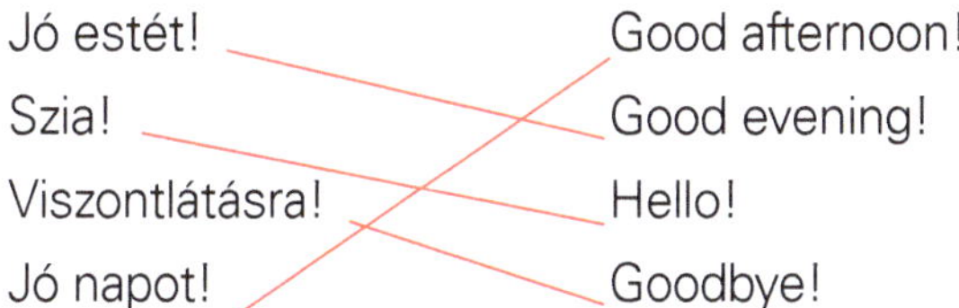

3. Translate to Hungarian.

Jó estét / Engem hívnak / Örülök, hogy találkoztunk! / Viszontlátásra! / Hogy van? / Köszönöm, hogy kérdezte.

4. Fill in the blanks!

Ilona: Szia Éva! Hogy van?

Éva: Szia Ilona! Jól köszönöm. És ön?

Ilona: Én is! Köszönöm, hogy kérdezte.

5. Translate to English.

Goodbye / I'm happy / Good morning. / What is your name? / And you? / Where are you from?

6. Listen to the dialogue and answer the questions.

Anna / Roland / Budapest / London

CHAPTER 3: IN A RESTAURANT

1. **Fill in the dialogue.**

   – Hozhatok valamit inni?

   – Igen kérem!

   – Szeretnék egy jeges teát.

   – Bankkártyával vagy készpénzzel szeretne fizetni?

   – Bankkártyával szeretnék fizetni!

2. **Match question or a statement with the correct answer!**

Hozhatok még valamit?	Készpénzzel szeretnék fizetni.
Szeretne egy asztalt?	Egy pohár vizet kérek, köszönöm.
Hozhatok valamit inni?	Még szükségem van néhány percre.
Bankkártyával vagy készpénzzel szeretne fizetni?	Asztalt kérek 2 főre.

3. **Write a number to the questions and statements in the order you hear them.**

   6, 3, 2, 1, 5, 4

4. **Write the word in Hungarian below the photo.**

   torta / fehér bor / saláta / csirke / kagyló

5. **Translate to Hungarian or to English.**

   Do you accept cards? / Would you like to order? / Igen, kérem / I need a few more minutes. / Can I see a menu? / Hozhatok valamit inni? / Table for two, please. / Rendelni szeretnék. / I am lactose intolerant. / I am diabetic

6. **Circle the correct translation.**

   a, b, c

7. **Fill in the blanks!**

Vegetáriánus vagyok. / Ez gluténmentes? / Kaphatok egy étlapot? / Bankkártyát elfogadunk. / Szükségem van még néhány percre. / Szeretne bankkártyával vagy készpénzzel fizetni?/ Allergiás vagyok a mogyoróra.

8. **Write the words in the correct group.**

Étel	Ital	Desszert
saláta	kávé	fagylalt
hal	narancslé	torta

1. Match question with the correct answer.

Hány személynek? — Három napig fogok maradni.

Mennyi ideig marad? — Egy nem-dohányzó szobát kérek.

Hány szobára lesz szüksége? — Két felnőtt.

Nem dohányzó vagy dohányzó — Egy szobára lesz szükségem.
szobát szeretne?

2. Write a number to put the questions and statements in the order you think it may be correct.

Egy szobát szeretnék foglalni. 1. / M ilyen áru szobák vannak? 6. / Két felnőtt.
3. / A standard szoba 15000 forintba, míg a lakosztály 30000 forintba kerül
éjszakánként. 7. / Szeretnék Február 5-től, február 10-ig foglalni. 5. / Hány
személynek? 2. / Milyen dátumra szeretne foglalni? 4.

3. Fill in the blanks.

Mennyi ideig marad? / Ez túl zajos. / Valami nincs rendben a wc-vel. / Hány
szobára lesz szüksége? / Van Wifi csatlakozási lehetőség? / Van szabad szoba? /
Két szobára lesz szükségem. / Egyedül leszek.

4. Write the word from the box below the photo.

reggeli, nem dohányzó, hajszárító, törülköző

5. Translate to Hungarian.

Van lehetőség reggelizni? / Összesen négy felnőtt. / Egy szobát szeretnék
foglalni. / Mennyibe kerül a szoba? / Hány gyermek lesz? / Ez a szoba nem tisz-
ta. / Kaphatok egy másik szobát?

6. Translate to English.

It's too noisy. / Would you like a one bedroom or a double bedroom? / What
name is the reservation under? / A non –smoking room please. / Is a WiFi con-
nection possible? / Is there any room available? / I will need two rooms

7. **Choose the correct translation.**

b, c, a, c

8. **Translate the text into Hungarian.**

Jó napot! Engem Péternek hívnak. Szeretnék egy szobát foglalni három napra.
Egy háromágyas szoba. Van lehetőség reggelizni? Mennyibe kerül a szoba?

9. **Translate the dialogue of the beginning of the chapter.**

– Good afternoon!

– Good afternoon I would like to reserve a room.

– Right. For which days?

– From 23 december to 27 december.

– For how many person?

– Two adults and two children.

– Would you like to pay by card or cash?

– By card.

CHAPTER 5: SHOPPING

1. Listen to words and choose the correct translation.

2. Write the correct word in Hungarian below the photo.

alma / ananász / blokk / káposzta / bevásárlókocsi

3. Translate to Hungarian.

Hol van? / Ez minden / kenyér / tejtermékek / fagyasztott étel

4. Translate to English.

strawberry / grapes / salesperson / bakery / butcher

5. Translate the dialogue of the beginning of the chapter.

– Good afternoon!
– Good afternoon! Something else?
– That's all, thank you.
– Would you like a shopping bag?
– No, thank you.
– Would you like to pay by card or cash?
– By card.

6. Match the word with the correct translation.

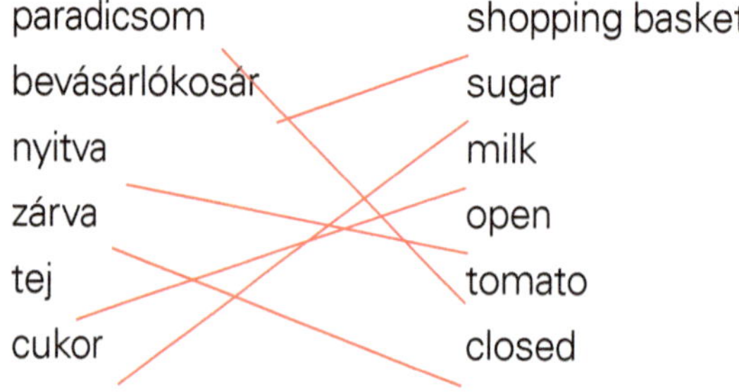

7. Write down in Hungarian all the products that you see in the photo.

uborka / paprika / paradicsom / hagyma

CHAPTER 6: NUMBERS

1. Write numbers in Hungarian.

51: ötvenegy / 23: huszonhárom / 79: hetvenkilenc / 85: nyolcvanöt /
110: száztíz / 450: négyszázötven / 5: öt

2. Match the correct numbers!

19	huszonhét
38	tizenkilenc
140	háromszáz
300	száznegyven
27	harmincnyolc

3. Fill in the blanks.

a, öt, hat, hét nyolc, kilenc tíz

b, száz, kétszáz, háromszáz, négyszáz, ötszáz, hatszáz, hétszáz

c, huszonkettő, huszonhárom, huszonnégy, huszonöt, huszonhat

d, százharmincegy, százharminckettő, százharminchárom, százharmincnégy

4. Translate to English.

I am thirty-eight years old. My wife is thrity-two. I'm from Budapest.

5. Write down the numbers with letters.

6 : hat / 13 : tizenhárom / 29: huszonkilenc / 48: negyvennyolc /
577: ötszázhetvenhét

6. Calculate and write the answers in Hungarian!

17 + 15 = harminckettő / 37 + 24 = hategy / 80 – 31 = negyvennyolc /
149 – 52 = kilencvechét / 350 + 210 = ötszázhatvan

7. Choose the correct translation.

b, c, a, c

CHAPTER 7: TIME AND LOCATION

1. **Observe and write the time.**

   tizenegy óra ötvenöt perc / hat óra negyvenöt perc /
   két óra harmincnégy perc / tizenegy óra harminc perc

2. **Write the name of the capital city under the photo.**

   Budapest / Róma / Prága / Bécs

3. **Match the words.**

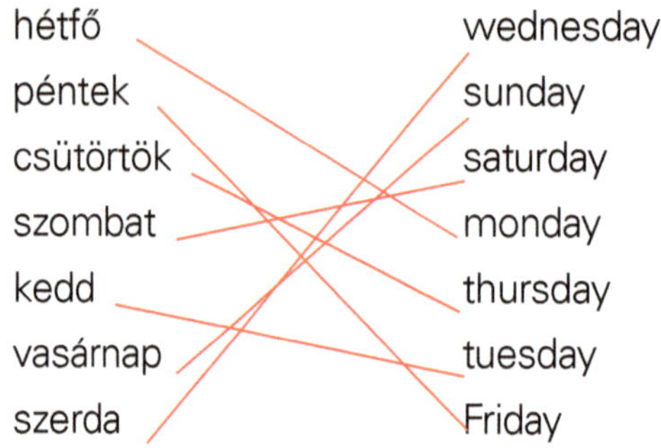

hétfő	wednesday
péntek	sunday
csütörtök	saturday
szombat	monday
kedd	thursday
vasárnap	tuesday
szerda	Friday

4. **Translate to English.**

   May / October / January / March / February

5. **Translate to Hungarian.**

   éjszaka / hétvége / óra / reggel / éjfél

6. **Draw clock hands in order to show the correct time.**

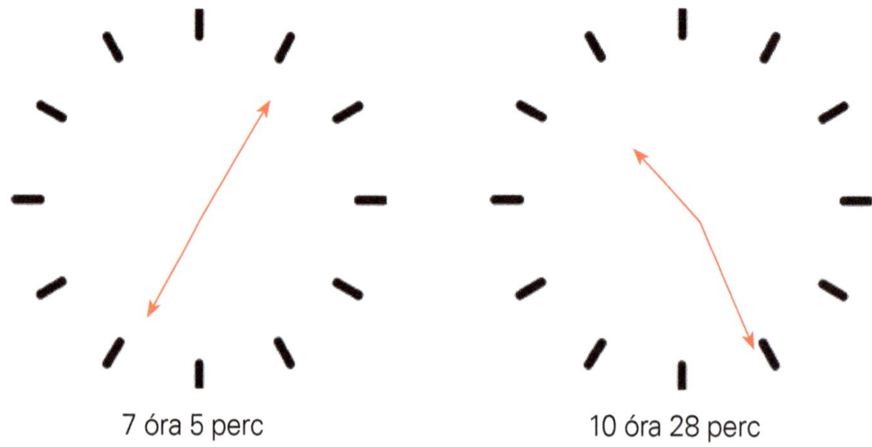

7 óra 5 perc   10 óra 28 perc

7. Circle the correct translation.

c, b, b, a

8. Match the country with the correct translation.

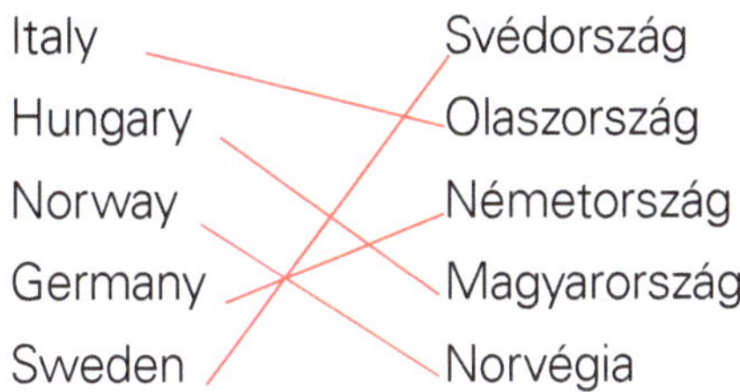

Italy	Svédország
Hungary	Olaszország
Norway	Németország
Germany	Magyarország
Sweden	Norvégia

9. Which months are missing from the list?

Január, Június, Október

CHAPTER 8: WEATHER

1. Write the weather below the pictures.

rainy / windy / sunny / lightning

3. Translate to Hungarian.

Ködös / Esős / A nyár forró. / A tél hideg. / időjárás előrejelzés

4. Match the words.

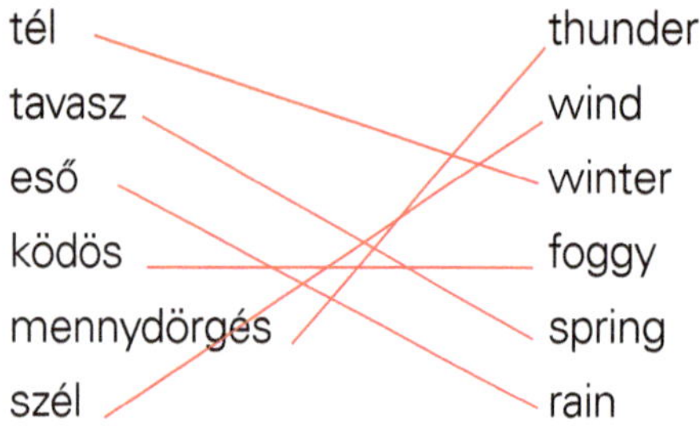

5. Fill in the blanks.

Milyen idő van? / Az este hideg. / Olaszország meleg. / A péntek esős.

6. Choose the correct answer.

b, c, a, c

7. Write the correct season below the pictures.

tél / nyár / tavasz / ősz

CHAPTER 9: CAR TRIP

1. Translate the dialogue of the beginning of the chapter.

– Good afternoon! I would like to rent a car.

– Good afternoon! Do you have reservation?

– No. Do you have any cars available?

– Unfortunately, we don't have any cars available.

2. Translate to Hungarian.

gyerekülés / vezetői engedély / biztosítás / automata / Sajnos nincs több elérhető autónk.

3. Listen to the dialogue and answer the questions.

yes / city car / for a week / yes

4. Choose the correct answer.

c, a, c, a

5. Translate to Hungarian.

– Jó reggelt!

– Jó reggelt! Szeretném megtankolni.

– Milyen üzemanyagra van szüksége?

– Gázolaj. Ellenőrizné az olajszintet?

– Igen.

CHAPTER 10: MEDICAL EMERGENCY

1. **Write the illness in Hungarian next to its description.**

    napégés / fejfájás / láz / kiütés

2. **Write the correct part of body in Hungarian next to the definitons.**

    haj / száj / orr / nyak / kéz

3. **Fill in the blanks.**

    Eltudna vinni a kórházban? / A telefonszámom…. / Hol van a legközelebbi kórház? / Baleset volt.

4. **Match the words.**

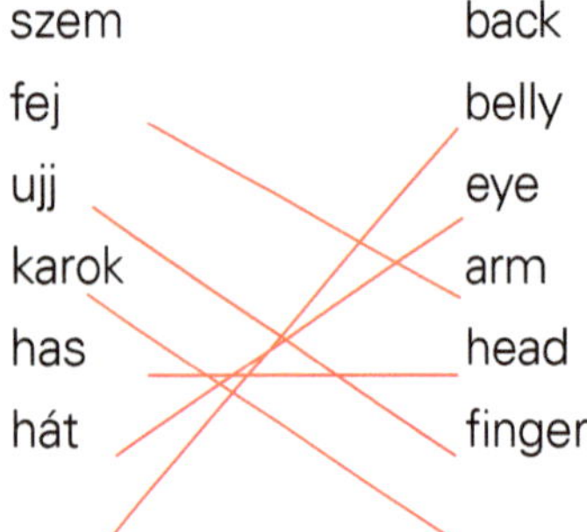

5. **Choose the correct answer.**

    a, b, a, c

6. **Translate to Hungarian.**

    könyök / lábszár / láb / fej / fog / haj

7. **Listen to the call to the ambulance and answer the questions in Hungarian.**

    Baleset volt / Tom / három öt öt egy hét négy egy / huszonnégy / nem

CHAPTER 11: SIGHTSEEING

1. Write the correct word below the photos.

étterem / ügyfélszolgálat / színház / szálloda

2. Translate to English.

free entry / adult / exit / prohibited / toilet

3. Finish the sentences.

Tud ajánlani egy hajóutat? / Ne használjon vakut. / Mikor van a következő kirándulás? / Tud csinálni egy fotót rólam? / Kaphatok információt a kulturális látnivalókról?

4. In the following text, circle the words that you know.

Budapesten számtalan látnivaló van. Mehet múzeumokban, színház ban vagy akár tehet egy hajóutat is a Dunán. A magyar gasztronómiának nincs párja. A belváros tele van jobbnál jobb étteremmel. Ha további információra van szüksége, keressen fel egy utazási irodát.

5. Choose the correct words.

b, a, c, c, a

6. What do these signs mean? Write the answer in Hungarian.

nem dohányzó / Ne fényképezzen / Ne nyúljon hozzá / mosdó

6. Which answer could be correct to the questions? Match them.

Tud ajánlani egy hajóutat?	Persze. Milyen fotót szeretne?
Mikor van a következő kirándulás?	Reggel 9 órakor lesz a következő.
Kaphatok információt a helyi látnivalókról?	Igen. A Dunán sok kis hajó van.
Tud csinálni egy fotót rólam?	Rengeteg látnivaló van a belvárosban.

1. Write the elements of a postcard in Hungarian.

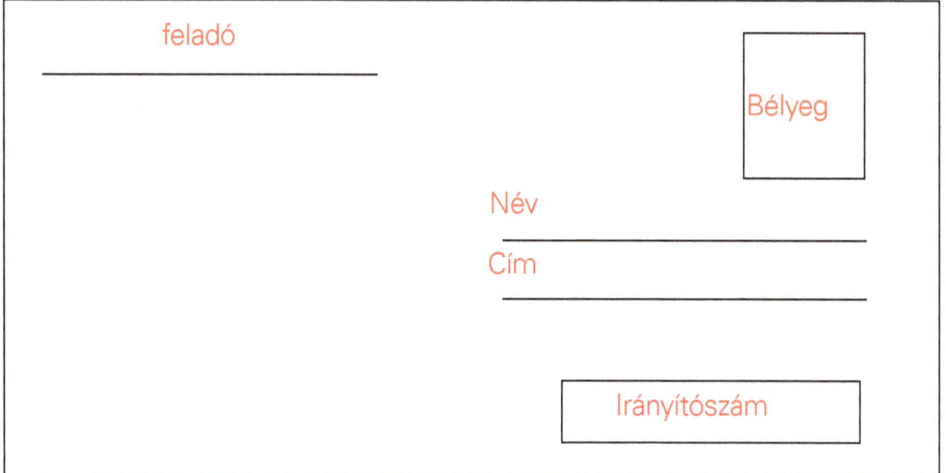

2. Match the words.

3. Choose the correct answer.

a, b, b

4. Translate to English.

recharge / internet access / local phone numbers / address / post office / postal code / letter / charger

CHAPTER 13: MONEY AND BANKING

1. **What would you say in Hungarian?**

    Elvesztettem a hitelkártyámat / Elfelejtettem a PIN kódot. / váltási árfolyam /
    bankautomata

2. **Translate to English.**

    What time does the bank open? / Where is the nearest ATM? / Where is the
    nearest bank? / What's the commission? / exchange rate

3. **Write the sentences in the correct word order.**

    Milyen váltási árfolyam van? / Hol tudok levenni készpénzt? / Elfelejtettem a
    PIN kódot. / Hol van a legközelebbi pénzváltó? / Elvesztettem a hitelkártyámat.

CHAPTER 14: SPORTS

1. **Write the name of the following sport in Hungarian.**

   röplabada / úszás / kosárlabda / foci

2. **Translate the dialogue beginning of the chapter.**

   – Do you like sport?

   – Yes, I love it.

   – What is your favourite?

   – I love football. And you?

   – I am a basketball fan.

3. **Match the words.**

4. **Translate to Hungarian.**

   Csatlakozhatok? / Mi a kedvenc csapata? / Szereti a sportot? / Bérelhetek egy korcsolyát / Hol van az öltöző?

5. **Listen to the dialogue and answer the questions.**

   Juventus / foci / úszoda / kézilabda

6. **Choose the correct answer.**

   b, a, c, b, a

CHAPTER 15: PUBLIC TRANSPORTATION

1. **Write the answer below the photos.**

   trolibusz / villamos / vonat / repülő

2. **Choose the correct answer.**

   b, b, b, a

3. **Look at the timetable and answer the questions.**

   at 16:20 / airport / at 10:05 / number 5 / train station / number 5

4. **Translate to English.**

   The number of the bus / train is... / return ticket / airport / 1st class / one-way /
   Two tickets please.

5. **Match the words.**

villamos	tram
busz	return ticket
trolibusz	metro
repülő	bus
metró	trolley bus
retúrjegy	plane

6. **Translate to Hungarian.**

   Milyen hosszú az út? / Hány megálló van? / Hol van a legközelebbi
   buszmegálló? / Mikor indul a vonat? / Mikor érkezik a villamos?

7. **Translate the dialogue.**

– Good afternoon! What time does the bus number 5 leave?

– Good afternoon! It leaves at 10.

– Where can I buy ticket.

– At the train station.

– How many stops are there?

– There are 7 stops.

– What is the next bus stop?

– It's the airport.